Meggi Schuler / Ulrike Blucha

Fühlen, hören, sehen

Förderideen für Kinder mit taktilen, auditiven und visuellen Wahrnehmungsstörungen

Meggi Schuler/Ulrike Blucha

Fühlen, hören, sehen

Förderideen für Kinder mit taktilen, auditiven und visuellen Wahrnehmungsstörungen

HERDER

FREIBURG · BASEL · WIEN

www.herder.de

Umschlaggestaltung und -konzeption:
R·M·E München / Roland Eschlbeck, Rosemarie Kreuzer
Umschlagfoto: Hartmut W. Schmidt, Freiburg
Fotos im Innenteil: S. 97: Hartmut W. Schmidt,
alle übrigen Fotos: Meggi Schuler, Ulrike Blucha
Illustrationen: Elisabeth Lottermoser

Satz: fgb · freiburger graphische betriebe
www.fgb.de

Herstellung: L.E.G.O. Olivotto S.p.a.

Gedruckt auf umweltfreundlichem, chlorfrei gebleichtem Papier
Printed in Italy

ISBN 978-3-451-32152-8

Inhalt

Vorwort

„Was ist denn nur los mit dir? Mach doch nicht immer alles kaputt!"
„Schau doch richtig hin!"
„Mensch, hast du das nicht gehört?"

Haben Sie nicht oft schon ähnliche Sätze im täglichen Miteinander verwendet? Das Kind ist ungeschickt, tollpatschig ... aber was ist, wenn das Kind uns wirklich nicht versteht, den Turm nicht mit Absicht umwirft oder das einfachste Puzzle nicht zusammensetzen kann?

Das scheinbare Unvermögen des Kindes lässt Eltern und Erzieherinnen immer wieder verzweifeln und führt im Spiel oft zu Konflikten mit den Spielpartnern. Irgendwann kommt für Eltern der sorgenvolle Gedanke auf: Was stimmt nicht mit meinem Kind? Werden dann Wahrnehmungsstörungen festgestellt, ist diese Diagnose für viele Eltern oft wenig greifbar.

Wir möchten mit diesem Buch die Fragen von Erzieherinnen und Eltern zum Thema Wahrnehmung beantworten, Verständnis für das Kind vermitteln und praktische Tipps zur Förderung des wahrnehmungsgestörten Kindes geben.

Zunächst wird beschrieben, was unter Wahrnehmung überhaupt zu verstehen ist und wie sich die Wahrnehmung entwickelt. Gezielte Beobachtungen können auf dieser Grundlage Symptome einer Wahrnehmungsstörung verdeutlichen. Wobei zu beachten ist: Einzelne Auffälligkeiten sind noch kein Alarmsignal. In der kindlichen Entwicklung gibt es große zeitliche Unterschiede, so dass Abweichungen nicht unbedingt eine Störung sein müssen. Erst wenn mehrere Auffälligkeiten in einem Bereich beobachtet werden, sollte eine genaue Abklärung erfolgen. Die Eltern sind hier kompetente Gesprächspartner – sie kennen ihr Kind am besten. Sie finden in diesem Buch Fragebögen zur taktilen, auditiven und visuellen Wahrnehmung, die besorgte Eltern im Vorfeld eines Informationsgesprächs bei der gezielten Beobachtung ihres Kindes unterstützen können. Fachleute müssen dann klären, welche Probleme konkret vorhanden sind. Wir stellen die verschiedenen Testverfahren vor, die diese für die gezielte Diagnostik verwenden. Daraus resultiert dann die therapeutische Unterstützung, die Kinder mit starken Wahrnehmungsstörungen stets brauchen. Welche Therapieansätze gibt es? Wie arbeiten die Therapeuten? Welche Akzente werden in der Therapie gesetzt? Wir stellen die verschiedenen Ansätze in Grundzügen vor, um Eltern und Erzieherinnen einen ersten Überblick zu verschaffen.

Darüber hinaus aber können Kinder im Kindergarten und auch zu Hause mit wenig Aufwand gefördert werden. Sie finden in diesem Buch eine Vielzahl von praktischen Angeboten, die individuelle Fördermaßnahmen unterstützen. Wir geben Anregungen und möchten Eltern und Erzieherinnen ermuntern, gezielt mit dem wahrnehmungsgestörten Kind zu arbeiten.

Vielleicht ist uns nicht wirklich bewusst, dass unser kompletter Tagesablauf aus einer Aneinanderreihung von Wahrnehmungsabläufen besteht. Daher ist es für Kinder mit taktilen, auditiven oder visuellen Wahrnehmungsstörungen täglich eine große Herausforderung, den Alltag zu meistern. Andererseits liegt hierin aber auch eine Chance, denn oft liegen Lösungen für einige Probleme sehr nah, was wir mit den Angeboten für die Wahrnehmungsförderung in Alltagssituationen verdeutlichen möchten.

Um Fortschritte zu erzielen, braucht es viel Engagement und Erfindungsgeist. Wir möchten Eltern und Erzieherinnen mit unseren Förderideen ermutigen, sich den betroffenen Kindern mit Geduld und Einfühlungsvermögen zuzuwenden, denn:

Fühlen, Hören, Sehen – alles nicht so leicht!

Nichts ist im Verstand,
was nicht zuvor
in der Wahrnehmung wäre.

Thomas von Aquin

Was man über Wahrnehmungsprozesse wissen sollte

Wie funktioniert Wahrnehmung?

Jeder Mensch besitzt mehrere Sinnessysteme, den

- Hautsinn bzw. die taktile Wahrnehmung,
- Muskelsinn bzw. die Tiefensensibilität,
- Gleichgewichtssinn bzw. Vestibulärsinn,
- Hörsinn bzw. die auditive Wahrnehmung,
- Sehsinn bzw. die visuelle Wahrnehmung,
- Riechsinn bzw. die olfaktorische Wahrnehmung,
- Geschmackssinn bzw. die gustatorische Wahrnehmung.

Wahrnehmung ist eine Verarbeitung von Sinnesreizen. Jeder Impuls von außen, das kann ein Handschlag, ein Bild, ein Duft oder eine Melodie u.a. sein, wird aufgenommen und an das Zentrale Nervensystem (ZNS) weitergeleitet. Dort wird der Reiz realisiert, mit bereits vorhandenen Informationen verglichen, gespeichert und gedeutet. Daraufhin erfolgt eine Reaktion bzw. Rückmeldung an die Umwelt, die durch eine grob- oder feinmotorische Handlung umgesetzt wird.

Einen Apfel wahrnehmen: Einfach kompliziert

Taktile Wahrnehmung:	Ich taste einen runden bzw. ovalen und glatten Gegenstand, der keinem Druck nachgibt.
Visuelle Wahrnehmung:	Ich sehe einen runden bzw. ovalen Apfel in verschiedenen Farbnuancen, grün-gelb-rot, und mit einem braunen Stiel.
Auditive Wahrnehmung:	Ich höre ein knackendes Geräusch beim Aufschneiden der Schale und dem Durchtrennen der Schnitze.
Gustatorische Wahrnehmung:	Ich habe einen süßen oder auch säuerlichen Geschmack im Mund („wie" ein Apfel).
Olfaktorische Wahrnehmung:	Ich rieche einen fruchtigen Duft („wie" ein Apfel).
Reaktion / Rückmeldung:	Ich beiße gerne in einen Apfel.

Anhand dieses Beispiels wird verdeutlicht, was alles geschieht, wenn man in einen Apfel beißt. Natürlich laufen diese Prozesse nicht nacheinander ab. In der Realität ist der Wahrnehmungsprozess beim Biss in einen Apfel komplex miteinander verzahnt.

Gerade das macht es manchmal so schwierig, eine Wahrnehmungsstörung zu erkennen. Sie liegt dann vor, wenn ein Sinn nicht vollständig entwickelt oder defekt ist. Ursachen könnten beispielsweise in der Behinderung der Reizaufnahme, Reizweiterleitung oder Reizverarbeitung zu finden sein.

Wie entwickeln sich Wahrnehmungsprozesse im Kindesalter?

Wahrnehmen kann jeder, von Anfang an, der Prozess des Wahrnehmens beginnt mit elementaren Funktionen bereits in der Embryonalentwicklung. Allerdings differenzieren sich Wahrnehmungsprozesse mehr und mehr aus. Dieser spannende Prozess läuft in Phasen ab und lässt sich den Entwicklungsstufen eines Kindes beziehungsweise bestimmten Altersstufen zuordnen. Wir wollen im Folgenden die Prozesse vorstellen, die die vorgeburtliche Entwicklung, das Säuglingsalter, das Kleinkind- und Vorschulalter idealtypisch begleiten.

Vor der Geburt

Als Reize bezeichnet man Impulse, das können zum Beispiel Schallwellen sein, die innerhalb oder außerhalb eines Organismus die Sinnesorgane anregen.

Schon mit der Empfängnis beginnt die Entwicklung eines kleinen Menschen, der durch die Erbanlagen seiner Eltern entwicklungsfördernd oder entwicklungshemmend geprägt ist. Die pränatale Phase ist sehr bedeutungsvoll, da nun der Grundstein für das Wachsen und Reifen gelegt wird.

Die Schwangerschaft unterteilt sich in zwei Abschnitte. Das Embryonalstadium umfasst die ersten acht bis zwölf Wochen. In diesem Zeitraum bilden sich die Körperstruktur und die inneren Organe des Kindes. Das Zentrale Nervensystem entwickelt sich, das Sehzentrum und die Platzierung der Augen werden bestimmt. Die Nervenzellen im Kleinhirn vermehren sich, die für die Koordination der Bewegung sehr wichtig sind.

Ab dem dritten Schwangerschaftsmonat tritt das Fötalstadium ein. Die Organe sind bereits gebildet, das Gehirn reift stetig. Der Fötus beginnt sich zu bewegen, was die Mutter aber meist erst um die

18. bis 20. Schwangerschaftswoche spüren kann. Er reagiert auf Schallreize, Aktivität und Ruhephasen.

Anfang des achten Monats sind die Organe und das Zentrale Nervensystem so weit ausgeprägt, dass im Falle einer Frühgeburt das Kind durch ärztliche und pflegerische Leistungen überleben kann und einer normalen Entwicklung prinzipiell nichts im Wege steht. Der Geschmackssinn, der Hörsinn und der Tastsinn sind weitestgehend ausgebildet.

Risiken in der vorgeburtlichen Phase gibt es einige: Infektions- und chronische Erkrankungen, Medikamente, Alkohol, Nikotin, Drogen und eine falsche Ernährung können grundlegende Ursachen für eine Schädigung der normalen Entwicklung des Kindes sein. Psychische Belastungen wie etwa komplizierte Lebensumstände tragen nicht zum Wohlbefinden der Mutter bei, was sich auch auf das Kind im Mutterleib auswirkt. Gesundheitliche und psychologische Fürsorge der Schwangeren sind für die vorgeburtliche Entwicklung des Kindes von großer Bedeutung.

Das Säuglingsalter

Ab dem Zeitpunkt der Geburt beginnt für das Kind das Leben auf dieser Welt. Der physische Organismus muss nun eigenständig arbeiten. Das Kind muss selbstständig atmen, Herzschlag und Kreislauf regulieren, den Wärmehaushalt festsetzen, Nahrung zu sich nehmen und verdauen. Das Stammhirn steuert in dieser Zeit das Verhalten des Neugeborenen. Es verbringt einen großen Teil der Zeit mit Schlafen. Es hat noch keinen Tages- und Nachtrhythmus. Der Geschmackssinn und der Geruchssinn sind schon in den ersten Lebenstagen gut ausgeprägt. In den ersten Tagen lernt der Säugling, nach der Brust, Flasche oder dem Schnuller zu suchen und daran zu saugen. Säuglinge besitzen angeborene Reflexe, die durch verschiedene Anregungen ausgelöst werden, die sich aber zwischen dem zweiten und vierten Lebensmonat wieder verlieren. So z. B. der Greifreflex:

automatisch umklammert der Säugling den Finger der Mutter. Da der Reflex in der Phase des dritten Lebensmonats verschwindet, muss das gezielte Greifen danach neu erlernt werden.

Reflexe sind unwillkürliche und automatisch ablaufende physiologische Reaktionen auf äußere oder innere Reize

Die Großhirnrinde entwickelt sich zu diesem Zeitpunkt wesentlich. Das Kind beobachtet jetzt aufmerksamer und länger seine Umgebung, was die Wachphasen erweitert. Der Sehsinn prägt sich in dieser Zeit immer mehr aus. Der Säugling fixiert Gegenstände, die er jetzt deutlicher wahrnehmen kann. Besonders stellt sich ein visuelles Interesse für Gesichter ein. Die Wahrnehmung schreitet immer mehr fort, die Intermodalitätsstufe wird erreicht. Verschiedene Reize können in Zusammenhang gebracht werden, z. B. hört es die Stimme der Mutter und wendet ihr seinen Kopf zu. Die auditive Wahrnehmung, die sich schon im Mutterleib früh entwickelt, wird nun mit einer motorischen Reaktion verbunden.

Mit der Wahrnehmungsentwicklung geht auch die soziale Entwicklung einher. Das Kind reagiert von Geburt an mit sozialem Verhalten. Es bevorzugt menschliche Stimmen, lässt sich durch monotones Hin- und Herwiegen beruhigen und beginnt etwa ab der sechsten Woche, das menschliche Gesicht anzulächeln. Die emotionale Beziehung zwischen dem Kind und den Eltern oder anderen Bezugspersonen wird durch diese sozialen Kontakte intensiviert. Die Eltern reagieren besonders auf Unruhe und Wohlbefinden des Kindes. Es erfährt somit Wechselwirkungen, was das frühe Lernen anregt.

Zwischen dem zweiten und vierten Lebensmonat beginnt das Kind, seinen Kopf zu heben, Objekte zu fixieren und danach zu greifen. Ab dem fünften Monat fängt es an, sich fortzubewegen. Es dreht sich vom Bauch auf den Rücken und wieder zurück. Durch das Robben, Rollen oder Kriechen wird sein Aktivitätsradius enorm gesteigert. Mit etwa acht Monaten kann das Kind aufrecht sitzen, wenige Zeit später wird das Krabbeln entdeckt. Es macht erste Raumbewegungserfahrungen, was die kognitive Entwicklung anregt. Es beginnt aktiv seine Umwelt zu erkunden, macht dabei positive und negative Erfahrungen und erlebt dabei emotionale Reaktionen an sich. Das Trösten oder Mitfreuen der Eltern begünstigt die Eltern-Kind-Bindung. Ab dem zehnten Lebensmonat bahnt sich die Objektpermanz an, d. h. das Kind versteht, dass Gegenstände, die es nicht sehen kann, trotzdem existieren, und sucht diese. Das Denken und Lernen erreicht eine weitere Stufe. Zeitgleich entwickelt es weitere motorische Leistungen: das freie Aufrichten, das Hochziehen an Gegenständen und daran Entlanglaufen, es kann das Gleichgewicht halten und macht die ersten selbstständigen Gehversuche. Der kognitive Horizont des Kindes im ersten Lebensjahr erweitert sich stetig. Die emotionale und soziale Begleitung der Bezugspersonen ist dabei von großer Bedeutung.

> Auf der Basis einer positiven, engen Eltern-Kind-Bindung entsteht Urvertrauen – eine wichtige Voraussetzung für die Entwicklung der Selbstständigkeit des Kindes.

Das Kleinkind- und Vorschulalter

Das Kleinkindalter beginnt ab dem zweiten bis vierten Lebensjahr, das Vorschulalter ab dem fünften bis einschließlich sechsten Lebensjahr.

Aus Babys werden Kleinkinder. Zwischen dem zehnten bis 15. Lebensmonat lernen die Kinder laufen. In dieser Zeit machen sie erhebliche Fortschritte in der Körperbeherrschung. Die Geschicklichkeit der Hände verbessert sich, die Bewegungen werden gezielter. Die kognitive Entwicklung in dieser Altersphase erweitert sich wesentlich und damit auch die Entwicklung der Sprache, das freie Spiel und die sozialen Beziehungen. Die Wahrnehmung der Sinne verfeinert sich immer mehr. Das Kleinkind lernt Personen und Gegenstände kennen und diese auch zu benennen. Durch unablässiges Fragen erweitert sich die kognitive Entwicklung fortlaufend. Dadurch bekommt das Kind Verständnis für Zusammenhänge. Es entdeckt immer mehr seine Eigenständigkeit und spricht nicht mehr in der dritten Person von sich. Der Forschungsdrang ist ungebrochen. Das Kleinkind möchte alles selbst machen, sich z. B. selbst anziehen. Es probiert sich ständig aus, kommt dabei aber auch an seine Grenzen, die dem eigenen Willen im Wege stehen. Das sogenannte Trotzalter beginnt. Die eigene Willensstärke prägt sich in dieser Zeit enorm aus. Selbstständiges Handeln und die Einhaltung von Regeln müssen erlernt werden. In dieser Phase befindet sich das Kind oft im Zwiespalt. Einerseits möchte es sein Tun und seinen Kopf durchsetzen, andererseits braucht es aber den Halt und die Geborgenheit der Eltern oder anderer Bezugspersonen. Dabei bedarf es großer Geduld und liebevoller Unterstützung der Erwachsenen. Der Kontakt zu anderen Kindern interessiert das Kind zunehmend, auch wenn es noch kein Miteinander-Spielen, sondern eher ein Nebeneinander-Spielen ist.

> Der kindliche Forschungsdrang, auch Explorationsverhalten genannt, kann sich auf der Grundlage einer engen, sicheren Eltern-Kind-Bindung besonders gut entfalten.

Mit dem Eintritt in den Kindergarten beginnt das Vorschulalter. Das Zeitverständnis und die Gedächtnisspanne erweitern sich merklich. Es herrscht ungebremste Neugier beim Kind. Alles wird hinterfragt, genau beobachtet und Details erkannt. Dadurch erweitert das Kind nicht nur seinen Horizont, es orientiert sich in seiner Umwelt und bildet sich so seinen eigenen Standpunkt. Die Sprache wird immer differenzierter und der Wortschatz vergrößert sich. Die Kinder entwickeln zu diesem Zeitpunkt eine rege Fantasie.

Grobmotorische Bewegungen werden immer schneller und geschickter, z. B. werfen und fangen, Fahrrad fahren etc. Auch die Feinmotorik prägt sich deutlicher aus. Die Koordination von Hand und Augen ermöglicht dem Kind, mit einem Stift zu malen, mit der Schere zu schneiden etc.

Im Kindergartenalltag macht es viele soziale Erfahrungen. Es lernt, sich in die Gemeinschaft einzufügen, sich gegen andere Kinder durchzusetzen, zurückzustecken, miteinander zu teilen, Hilfen anzubieten usw. Engste Bezugspersonen werden zum Vorbild. Erste Freundschaften haben große Bedeutung, auch wenn miteinander gespielt und gestritten wird. Das Kind ist fähig, Kompromisse zu schließen, um Interessen beider Spielgefährten zu koordinieren. Die Selbstständigkeit des Kindes nimmt immer mehr zu. Kleine Botengänge, z.B. dem Nachbarn die Post bringen, können ihm jetzt schon übertragen werden. Durch die vorschulische Förderung in Motorik, Wahrnehmung, Sprache, Allgemeinwissen und Verkehrserziehung werden die Kinder auf den Schuleintritt vorbereitet.

> Die Auge-Hand-Koordination ist die Fähigkeit, Gegenstände mit den Augen zu erfassen und dem Wahrgenommenen entsprechend die Hände zu bewegen.

Wie kann es zu Wahrnehmungsstörungen kommen?

Ursachen für Wahrnehmungsstörungen lassen sich oft nicht eindeutig klären. Gifte wie Alkohol, Medikamente oder Drogen während der Schwangerschaft, schwere Infektionskrankheiten, Frühgeburten oder Sauerstoffmangel bei der Geburt können mögliche Auslöser sein. Aber auch eine reizarme Umgebung, Bewegungsmangel, ein gestörtes Familiensystem, Traumata oder schwere psychische Belastungen können die Wahrnehmungsfähigkeit beeinträchtigen. Oft genug lässt sich allerdings keine Ursache finden. Sicher ist allerdings, dass ungünstige Umgebungsfaktoren erheblich zum Auftreten des Krankheitsbildes beitragen.

Zudem weisen einige Erkrankungen oder Behinderungen meistens Wahrnehmungsstörungen in ihrem Erscheinungsbild auf, z.B.: geistige Behinderungen, Down-Syndrom, Zerebralparesen, Schädel-Hirn-Verletzungen, Zustand nach Hirnhautentzündungen, ADHS/

ADS, Autismus, Stoffwechselerkrankungen, verschiedene Erkrankungen der Haut, z. B. Neurodermitis, Teilleistungsstörungen im schulischen Bereich wie Legasthenie oder Dyskalkulie.

Wie werden Wahrnehmungsstörungen diagnostiziert?

Um den betroffenen Kindern gezielt helfen zu können, ist zuerst eine gute Beobachtung seitens der Eltern und der Erzieherinnen gefragt. Haben sie das Gefühl, dass mit dem Kind „irgendetwas nicht stimmt", sollte möglichst schnell eine umfangreiche Diagnostik angestrebt werden. Denn eine eventuelle Therapie und jegliche Art der Förderung sollten so früh wie möglich beginnen, damit der Schulstart einigermaßen problemfrei gelingt.

Da Wahrnehmungsstörungen sich sehr unterschiedlich auswirken können, ist eine gründliche Diagnostik sehr wichtig. Erste Anlaufstelle ist immer der Kinderarzt. Er überprüft, gegebenenfalls unter Einbeziehung eines Neurologen, Augenarztes, HNO-Arztes oder Pädaudiologen, die körperliche Gesundheit und die Funktion der Sinnesorgane und Reizleitungen. Denn als erstes müssen z. B. organische Seh- und Hörfehler ausgeschlossen werden.

> Ein Pädaudiologe ist ein Facharzt für Sprach-, Stimm- und kindliche Hörstörungen.

Die Diagnostik von Wahrnehmungsstörungen wird meistens in Frühförderzentren oder Sozialpädiatrischen Zentren von dem entsprechenden Fachpersonal vorgenommen. Hierzu zählen Ärzte, Psychologen, Ergotherapeuten, Logopäden, Heilpädagogen, Motopäden und Physiotherapeuten. Eine Überweisung durch den Kinderarzt ist notwendig. Zu der medizinischen und psychologischen Diagnostik gehört eine umfassende Befragung der Eltern zu den verschiedenen Lebensbereichen des Kindes. Familienhintergrund, Erziehungsstil und belastende Erlebnisse werden ebenfalls meist anhand eines Fragebogens erfasst.

Testverfahren

Standardisierte Tests geben die Möglichkeit, sichere Werte über die Probleme des Kindes zu erhalten und entsprechende therapeutische Maßnahmen zu ergreifen. Unterschiedliche Testverfahren geben z. B. Aufschluss über den Entwicklungsstand des Kindes allgemein, über das Intelligenzniveau des Kindes, die Verarbeitung von visuellen oder auditiven Wahrnehmungen, die motorische Entwicklung oder die Sprachentwicklung.

Bestimmte Tests werden dabei häufig verwendet und im schriftlichen Gutachten erwähnt. Um einen kleinen Überblick über den Inhalt dieser Verfahren zu erhalten, sind sie nachfolgend kurz beschrieben.

Intelligenztests

CFT 1

Einsatzbereich: Kinder von 5,3 bis 9,5 Jahren

Der CFT 1 beinhaltet die 5 Untertests Substitutionen (ersetzen eines Merkmales durch ein anderes), Labyrinthe, Klassifikationen, Ähnlichkeiten und Matritzen (unvollständige Muster, denen aus mehreren Möglichkeiten das fehlende Teil zugeordnet werden muss). Der Test gibt Auskunft über die Fähigkeit des Kindes, Regeln zu erkennen, Gemeinsamkeiten und Verschiedenheiten geometrischer Formen zu erfassen, Merkmale zu identifizieren und Analogien zu sehen. Er zeigt besonders, wie weit das Kind bereits in der Lage ist, nonverbale Problemstellungen zu erfassen und zu lösen.

SON (Snijders-Oomen Non-verbaler Intelligenztest 2,6–7)

Einsatzbereich: Kinder von 2,6 bis 7,11 Jahren

Der SON ist ein sprachfreier Intelligenztest und eignet sich vor allem für Kinder mit Sprachentwicklungsstörungen, Hörbeeinträchtigungen, Intelligenzminderungen und für Kinder, deren Muttersprache nicht Deutsch ist. Bei visuellen Wahrnehmungsproblemen oder Sehschwierigkeiten und bei schweren motorischen Störungen ist der Test ungeeignet, da alle Aufgaben visuell gebunden sind und die Lösungen überwiegend durch Handhabung des Materials gefunden werden müssen. Getestet wird das räumliche Denken durch die Subtests Mosaike (Nachlegen von farbigen Quadraten), Puzzles und Zeichenmuster (Nachzeichnen von Vorlagen) sowie abstraktes und konkretes Denken durch Kategorien bilden, Analogien erkennen und Situationen erfassen.

K-ABC

Einsatzbereich: Kinder von 2,6 bis 12,5 Jahren

Der K-ABC ist in die vier Skalen Einzelheitliches Denken, Ganzheitliches Denken, Fertigkeitenskala und Sprachfreie Skala gegliedert. Im Vordergrund dieses Tests steht der Prozess der Lösungsfindung und nicht der Inhalt der Aufgabe.

WET (Wiener Entwicklungstest)

Einsatzbereich: Kinder zwischen 3 und 6 Jahren

In diesem Test werden relevante Bereiche in der kindlichen Entwicklung wie Motorik, visuelle Wahrnehmung, Gedächtnis, kognitive, sprachliche und sozial-emotionale Fähigkeiten erfasst. Er gibt so einen umfassenden Überblick über die Entwicklung des Kindes und die anzustrebende Förderung.

ET 6–6

Einsatzbereich: Kinder von 6 Monaten bis 6 Jahren

Dieser Test ermöglicht die Feststellung des Entwicklungsstandes schon in einem sehr frühen Stadium. Er überprüft die Entwicklungsbereiche Körpermotorik, Handmotorik, Nachzeichnen, kognitive Entwicklung, Sprachentwicklung, soziale und emotionale Entwicklung, natürlich auf altersentsprechender Basis. Als Ergebnis erhält man ein Entwicklungsprofil, das individuelle Stärken und Defizite einschätzt.

SETK 3–5

Einsatzbereich: Kinder von 3 bis 5 Jahren

Mit diesem Sprachentwicklungstest werden die Sprachverarbeitungsfähigkeiten und die auditiven Gedächtnisleistungen diagnostiziert. Er umfasst bei den Dreijährigen vier Untertests, bei den älteren Kindern fünf. Getestet werden Sprachverstehen, Sprachproduktion und Sprachgedächtnis.

Für jüngere Kinder gibt es eine entsprechende Diagnostik durch den SETK-2.

TAKIWA (Göttinger Entwicklungstest der Taktil-Kinästhetischen Wahrnehmung)

Einsatzbereich: Kinder zwischen 3,6 und 6 Jahren

In sieben Funktionsbereichen überprüft dieses Verfahren sowohl passiv-taktile wie auch aktive Aspekte z. B. durch rechts-links spezifische Prüfung, Lokalisation von Berührungsreizen, Druckempfindlichkeit, Abtasten von Objekten. Das Testmaterial ist alltagsbezogen und der Test selbst hat einen spielerischen Charakter.

FEW (Frostigs Entwicklungstest der visuellen Wahrnehmung)

Einsatzbereich: Kinder von 4 bis 9 Jahren

In verschiedenen Untertests prüft der „Frostig" Auge-Hand-Koordination, Figur-Grund-Wahrnehmung, Formkonstanz und die Identifikation und Wiedergabe von Gestalten.

POD-4 (Prüfung optischer Differenzierungsleistungen bei Vierjährigen)

Einsatzbereich: Kinder von 4,0 bis 4,11 Jahren

Im POD-4 werden optische Differenzierungsleistungen überprüft. Er beinhaltet Items zur Raum-Lage-Unterscheidung, Unterscheidung von großen und kleinen Details und Identifizierung von Reihenfolgen. Er kann auch bei Kindern mit Hörproblemen oder Sprachverständigungsschwierigkeiten eingesetzt werden.

Für Kinder von 5,0 bis 7,7 Jahren gibt es altersgemäß den POD.

Therapieansätze im Überblick

Ist eine Wahrnehmungsstörung diagnostiziert, gibt es verschiedene Therapiemöglichkeiten. Diese richten sich nach der individuellen Störung des betroffenen Kindes. Unter Umständen können verschiedene Therapieformen nebeneinander angewendet werden. Dazu ist eine enge Zusammenarbeit der Therapeuten notwendig. Im Folgenden werden die einzelnen Schwerpunkte der unterschiedlichen Therapieansätze vorgestellt.

Sensorische Integrationstherapie nach Jean Ayres

Sensorische Integration ist ein Teil der normalen Frühentwicklung des Menschen im und außerhalb des Mutterleibes. Sie stellt Sinneswahrnehmungen zusammen, die im Gehirn aufgenommen, erkannt, gedeutet und eingegliedert werden, um dann mit einer adäquaten Handlung zu reagieren. Sensorische Integration unterteilt die Körpersinne in Nahsinne und Fernsinne, welche die Grundlage für Bewegung, Lernen und Wahrnehmung darstellen. Zunächst bilden sich die Nahsinne Gleichgewichtssinn, Tiefensensibilität und Oberflächensensibilität. Sie sind die Basis für die Entwicklung der Fernsinne Hören, Sehen, Schmecken und Riechen. Die Fernsinne stehen im Vordergrund, aber die Nahsinne können jederzeit abgerufen werden. Bei wahrnehmungsgestörten Kindern ist die Integration der Nahsinne gestört, d. h. die Aufnahme, Verarbeitung und Reaktion. Man spricht von einer sensorischen Integrationsstörung.

> Jean Ayres (1920–1989), Ergotherapeutin und Entwicklungspsychologin.

Die Methode der sensorischen Integrationstherapie setzt an den Nahsinnen an. Es werden Sinneseinwirkungen geschaffen, die richtig dosiert sind. Dadurch soll das Kind befähigt werden, mit einer entsprechenden Handlung auf diese Reize zu reagieren und die erlebte Empfindung in das Nervensystem zu integrieren.

Die Behandlung setzt an den Interessen des Kindes an. In der Therapie bestimmt das Kind seine Handlungen selbst, während die Therapeutin unauffällig die Umgebung des Kindes beeinflusst. Aktionen, die vom Kind bevorzugt werden, beinhalten auch Emotionen. Diese sollen sinnvoll aufgenommen und in die Tätigkeit eingebaut werden. Durch die sensorische Integrationstherapie soll dem Kind nichts „beigebracht" werden. Es soll Hilfe erfahren, um körperlich, gefühlsmäßig und geistig fähiger zu werden.

Wahrnehmungskonzept nach Félicie Affolter

Wahrnehmung bedeutet nach Affolter das Aufnehmen von Sinnesreizen, die uns mit der Umwelt verbinden. Sie sagt, dass Person und Umwelt in einer Wechselsituation zueinander stehen. Die Umwelt wird wahrgenommen, aber nur durch diese Wahrnehmung kann der Mensch sich und seinen Körper erleben: Wie wirkt die Umwelt auf mich? Wie wirke ich auf die Umwelt? Wahr-NEHMUNG bedeutet auch, Wirkung durch NEHMEN, Berühren und Spüren zu erzeugen. Ein wichtiger Faktor dafür ist das taktil-kinästhetische System. Unter Umwelt wird das Alltagsgeschehen verstanden.

Félicie Affolter (*1926), Logopädin und Psychologin.

Bei diesem Konzept geht es um die Problemlösung im Alltag, indem der Therapeut durch Körperführung seine Bewegungen an das wahrnehmungsgestörte Kind weiterleitet. Es werden angemessene Spürinformationen vermittelt, um das Alltagsgeschehen meistern zu können. Beispiel: Wie zieht man eine Jacke an? Das Berühren, Umfassen und Bewegen der Hand des Kindes verläuft in normaler Geschwindigkeit, möglichst rhythmisch und harmonisch. Durch wiederholte Führungen wird das Kind befähigt, diese Bewegung selbstständig zu übernehmen. Während der Behandlung soll wenig gesprochen werden, um das Kind nicht zu überfordern. Voraussetzung einer erfolgreichen Therapie ist vor allem eine gute Beziehung zwischen Kind und Therapeut.

Psychomotorik

Psychomotorik wird als funktionelle Einheit psychischer und motorischer Vorgänge verstanden. Die körperlich-motorischen Fähigkeiten sind eng mit dem geistig-seelischen Zustand verknüpft. Die Psychomotorik betrachtet das Kind als ganzheitliches Wesen, dessen gesamte Persönlichkeitsentwicklung über Bewegungsverhalten, über Tun und Spiel geschult werden soll. Sie bietet Fördermöglichkeiten vor allem im Bereich der Wahrnehmung, des Körpererlebens, der Körpererfahrungen und des sozialen Lernens. Das bewegungsauffällige Kind soll zu Eigentätigkeit und selbstständigem Handeln angeregt werden. Es lernt über Bewegung mit anderen Kindern zu kommunizieren und mit oder gegeneinander nach Regeln zu spielen. Dadurch wird das Kind nicht nur in seinem Bewegungsverhalten gefördert, sondern auch in die Gruppe integriert.

> Ernst Kiphard (*1923) begründete Mitte der 50er Jahre des 20. Jahrhunderts die Psychomotorik.

Ziele der Psychomotorik sind: durch Bewegung das positive Selbstkonzept zu stärken, Materialerfahrungen, Fantasie und Kreativität, senso-motorische Grunderfahrungen und Förderung der Sozialkompetenz. Psychomotorik wird zur Prävention und Rehabilitation des Kindes eingesetzt.

Ergotherapie

Ergotherapie definiert sich dadurch, den handelnden Menschen in seinen alltäglichen Situationen durch verschiedene Hilfen zu unterstützen, damit er seinen persönlichen Alltag selbstbestimmt und eigenverantwortlich leben kann. Ergotherapeutisch behandelt werden Kinder, die unter anderem entwicklungsverzögert oder verhaltensauffällig sind, deren Wahrnehmung gestört ist, die an Bewegungs- und Lernstörungen leiden, Aufmerksamkeitsdefizite haben und hyper- oder hypoaktiv sind.

> Aus dem Griechischen abgeleitet steht das Wort *Ergo* für *tätig sein.*

Ergotherapie orientiert sich an den individuellen Möglichkeiten des Kindes und setzt spielerisch verschiedene Techniken oder Geräte ein. Dadurch werden körperliche, seelische und kognitive Fähigkeiten gefördert. Durch erzielte Lernerfolge und ein besseres Körperbewusstsein wird das Selbstwertgefühl gestärkt. Dies dient zur Motivation für weitere Aufgaben innerhalb der Therapie und zum eigenständigen Agieren. Wie in jeder Therapieform ist die Zusammenarbeit mit den Eltern sehr wichtig.

Die Eltern als kompetente Gesprächspartner

Beratungsgespräche

Elterngespräche finden in jeder Kindertagesstätte regelmäßig statt. Allerdings besteht meistens bei Kindern mit Beeinträchtigungen häufiger die Notwendigkeit, Beratungsgespräche zu führen. Diese müssen gut vorbereitet werden und sollten klar strukturiert sein. Die Checkliste auf Seite 28 f. kann helfen, den Ablauf eines Beratungsgesprächs zu planen und das Gespräch zielgerichtet durchzuführen.

Generell gilt, dass alle Eltern auch kompetent sind, Lösungen für ihre Situation zu finden. Diese Lösungen müssen nicht immer von den Erzieherinnen bevorzugt werden, können aber in der spezifischen Familiensituation durchaus wirksam sein.

Informationsgespräche

Fallen Störungen im taktilen, auditiven oder visuellen Wahrnehmungsbereich erst in der Kindertagesstätte auf, gilt es, mit den Eltern gemeinsam zu besprechen, welche Auffälligkeiten zu beobachten sind und wo Förderbedarf besteht. Wahrnehmungsgestörte Kinder benötigen frühzeitige Hilfe und viel Lob und Unterstützung, damit nicht kostbare Zeit verstreicht. Auf den folgenden Seiten finden Sie jeweils einen Fragenkatalog zur taktilen (Seite 30f.), auditiven (Seite 32f.) und visuellen (Seite 34f.) Wahrnehmung, der durch individuelle Beobachtungen ergänzt werden sollte. Er dient als Grundlage für ein Elterngespräch.

> Einzelne Auffälligkeiten sind noch kein Alarmsignal. In der kindlichen Entwicklung gibt es große zeitliche Unterschiede, so dass Abweichungen nicht unbedingt eine Störung sein müssen. Erst wenn mehrere Auffälligkeiten in einem Bereich beobachtet werden, sollte eine genaue Abklärung erfolgen.

Eltern sind gute Beobachter ihrer Kinder, können diese Beobachtungen aber oft nicht einschätzen oder präzisieren. Kopieren Sie die Fragebögen und geben Sie diese den Eltern einige Zeit vor dem angesetzten Gespräch mit. So können sie sich schon vorher intensiv Gedanken machen und es werden weniger Aspekte vergessen. Das Protokoll dieses Gesprächs kann, mit Einverständnis der Eltern, an Therapeuten weitergegeben werden und diesen gleich zu Beginn wertvolle Hinweise geben.

Beratungsgespräch mit den Eltern – Checkliste

Terminabsprache

- Ist genügend Zeit für das Finden eines gemeinsamen Termins eingeplant?
- Wurden bei der Einladung die Arbeitszeiten der Eltern berücksichtigt?
- Sind beide Eltern eingeladen?

Raumvorbereitung

- Steht ein geeigneter, nach Möglichkeit heller und freundlicher Raum zur Verfügung? Ist der Raum aufgeräumt, angenehm temperiert?
- Gibt es genügend bequeme Sitzgelegenheiten, stehen Getränke zur Verfügung?
- Sind Störungen ausgeschlossen (Schild an der Tür)?
- Liegen alle nötigen Unterlagen bereit?

Begrüßung

- Die Eltern an der Eingangstür empfangen.
- Durch ein wenig „small-talk" eine angenehme Atmosphäre schaffen.

Problemdefinition

- Beschreiben Sie genau Ihre eigenen Beobachtungen, die Schwierigkeiten, die Sie wahrgenommen haben.
- Lassen Sie den Eltern Zeit, ihre Eindrücke zu schildern.
- Stellen Sie unterschiedliche Wahrnehmungen beider Eltern heraus.
- Fragen Sie nach den Auswirkungen – auf die Familie insgesamt, auf die Eltern, Geschwister, andere Betroffene.
- Schildern sie Auswirkungen im Kindergarten, in der Gruppe, im Zusammensein mit anderen Kindern.

Erklärungen und Ursachen suchen

- Gibt es eventuell vorausgehende Ereignisse oder Auslöser?
- Stimmen die Erklärungen überein?
- Bieten Sie eigene Erklärungen an und stellen Sie sie zur Diskussion.

„Leidensdruck" beschreiben

- Wie hoch ist der Leidensdruck für jeden einzelnen zurzeit auf einer Skala von 1 bis 10? Mit welchem Skalenwert wären die Betroffenen erst einmal zufrieden?

Erwartungen klären

- Welche Erwartungen haben die Mutter, der Vater, die Erzieherin und an wen?

Ziele abfragen

- Welches realistische Ziel soll erreicht werden?
- Woran würde man merken, dass das Ziel erreicht wurde?
- Was würde danach anders sein als jetzt?
- Empfinden Vater und Mutter das gleiche Ziel als wichtig?

Bisherige Lösungsversuche

- Was tun die Eltern oder die Erzieherinnen, wenn das Problem auftritt?
- Was wurde bislang unternommen, um Lösungen zu finden?
- Was hat funktioniert, was nicht? Warum?

Ausnahmesituationen

- Ist es manchmal anders? Wenn ja, wann?

Kleine Lösungsschritte benennen

- Wer kann was, wann, wo und wie tun (Brainstorming)? Vor- und Nachteile und mögliche Umsetzungsschwierigkeiten erwägen.

Planung für den Alltag

- Auswahl der vermutlich besten Alternative. Können alle diese Lösung mittragen? Welche Auswirkung hat sie auf das Familienleben, den Kindergartenalltag? Was kann helfen? Wo können wir uns Unterstützung holen?

Bilanz ziehen

- Welches Ergebnis wurde erzielt? Wer hat konkret welchen Auftrag?
- Sind alle Beteiligten mit dem Verlauf zufrieden?

Erfolgskontrolle

- Den nächsten Termin vereinbaren, um die Effektivität des Lösungsversuchs zu überprüfen.

Protokoll

- Schreiben Sie ein Gedächtnisprotokoll und lassen Sie dieses evtl. gegenzeichnen oder geben Sie den Eltern eine Kopie davon mit.

Fragebogen zur taktilen Wahrnehmung

- Sucht das Kind häufig lang anhaltende taktile Kontakte? Trägt es z. B. ständig ein Tuch mit sich herum, mit dem es sich Gesicht oder Arme reibt?
- Mag es keine unklaren Reize, wie z. B. Berührungen mit Watte?
- Merkt es z. B. nicht, wenn Hose oder Strumpfhose rutschen?
- Matscht es mit dem Essen?
- Schlägt es sich selber, wirft sich oft hin oder zappelt herum?
- Fasst es alles an?
- Fasst es viele Dinge nicht an (Weiches, Klebriges, Kleister, Fingerfarbe, weiches oder saftiges Obst)?
- Riecht es an Lebensmitteln oder unbekannten Dingen, bevor es sie anfasst?
- Badet es ungern und ist noch empfindlicher beim Duschen?
- Ist das Gesicht besonders empfindlich?

- Können Berührungen nur ertragen werden, wenn das Kind sie selber vornehmen kann?
- Mag es beim Spaziergang nicht angefasst werden?
- Wird das Kind aggressiv oder erschrickt, wenn es von hinten berührt wurde und die Ursache nicht vorher sehen kann?
- Kann das Kind Berührungen nicht lokalisieren?
- Mag es bestimmte Kleidungsstücke nicht anziehen? Lässt es sich ungern anziehen?
- Kann es Speisereste am Mund oder Dreck an den Fingern nicht ertragen?
- Lehnt das Kind bestimmte Speisen auf Grund der Konsistenz ab?
- Was isst das Kind am liebsten?
- Wirkt es oft ungeschickt, lässt vieles fallen, zerbricht Sachen?
- Welche Reaktionen zeigt es auf harte, raue, weiche Stoffe?
- Welche Reaktionen zeigt es auf kalt, warm, heiß?

Fragebogen zur auditiven Wahrnehmung

- Zeigt das Kind geringe Ausdauer beim Vorlesen, Hören von CDs, bei Gesprächen oder Rollenspielen?

- Gibt das Kind „merkwürdige“ Antworten auf Fragen? Antwortet es z. B. mit „sechs Jahre“ auf die Frage: „Wie heißt deine Schwester?“, da es nur einzelne Wörter registriert und sich den Rest dazudenkt? Sind seine Handlungen manchmal falsch? Setzt es sich z. B. auf einen Stuhl nach der Aufforderung: „Bring mir den Stuhl!“?

- Lässt sich das Kind durch Geräusche leicht ablenken?

- Muss es häufig nachfragen?

- Versteht es Gesprochenes schlechter oder in einer großen Gruppe gar nicht?

- Versteht es oft Sachen falsch?

- Orientiert es sich bei Anweisungen am Vorbild anderer Kinder? Wartet es z. B. ab, bis andere Kinder beim Turnen aktiv werden, um dann mitzumachen?

- Hat es Schwierigkeiten bei akustischen Suchspielen (z. B. „Hänschen piep mal“)?
- Weiß es nicht, woher die Stimme kommt, wenn es gerufen wird?
- Ist es sehr lautstärkeempfindlich?
- Versteht es direkte Ansprache schlecht, wenn Radio oder Fernseher im Hintergrund laufen?
- Kann es sich schwer Liedtexte merken?
- Hat es Schwierigkeiten, Geschichten nachzuerzählen?
- Spricht das Kind in kurzen Sätzen und oft auch dysgrammatisch?
- Verwechselt es oft ähnlich klingende Wörter?
- Hat es Schwierigkeiten, die passenden Reimwörter zu finden?

Fragebogen zur visuellen Wahrnehmung

- Ist das Kind sehr vorsichtig, ängstlich oder unsicher?
- Stößt es oft etwas um?
- Fällt es oft?
- Stößt es sich häufig an Tischkanten, Türen usw.?
- Kleckert es ständig beim Essen?
- Wie ist die Motorik bei wechselnden Untergründen (z. B. von Gras auf Sand)?
- „Verpasst" es bei Greif- oder Fangspielen regelmäßig den Gegenstand?
- Verfolgt es z. B. bei einer Kugelbahn die Kugel nicht mit den Augen? Oder irren die Augen unsystematisch umher?
- Betrachtet es ungern oder unkonzentriert Bilderbücher?

- Kann es bei Fingerspielen die Aufmerksamkeit halten?

- Kann es in Bilderbüchern gewünschte Sachen entdecken?

- Puzzelt es nicht?

- Malt es sich selber mit den Körperteilen an der richtigen Stelle?

- Malt es gegenständlich?

- Baut es konstruktiv und statisch richtig?

- Kann es auf einer Linie schneiden?

- Kann es Bewegungen nachahmen oder z. B. Faltvorgänge nachvollziehen?

- Kann das Kind Entfernungen einschätzen, Mengen erfassen, Reihenfolgen erkennen, „Baupläne“ lesen?

- Erkennt es die Farben?

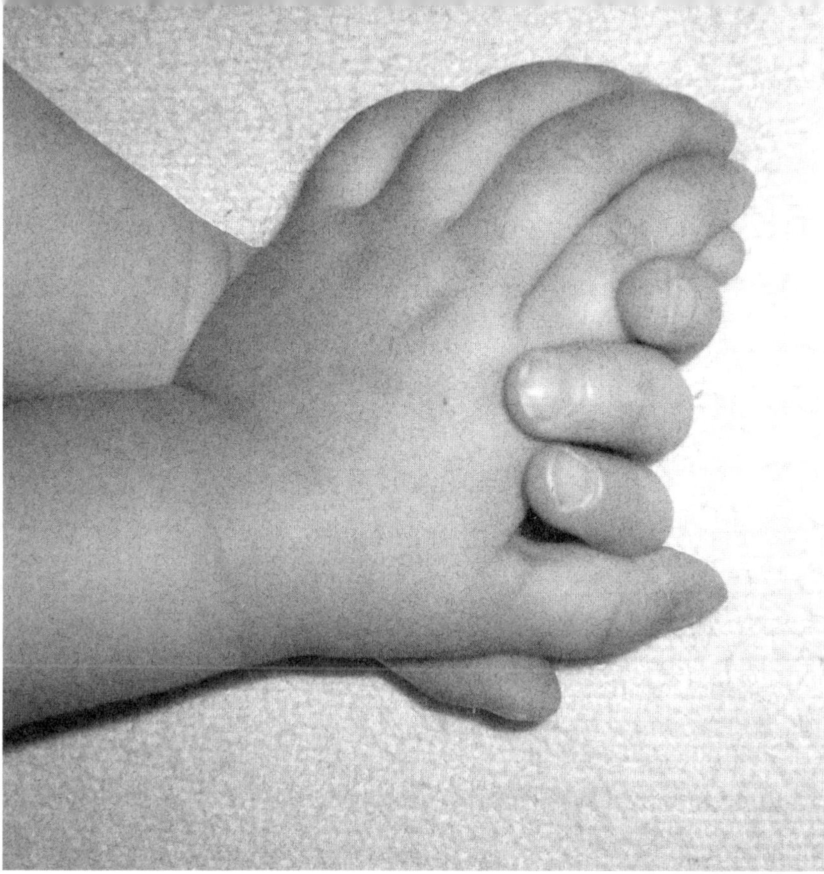

Ob Hand in Hand oder
Seite an Seite –
du spürst, ich bin für dich da.

Meggi Schuler

„Ich fühl mich nicht wohl in meiner Haut"

Taktile Wahrnehmungsstörungen

Wie funktioniert taktile Wahrnehmung?

Das Organ für taktile Wahrnehmung ist die Haut. Sie ist das erste sensorische System, dass sich im Mutterleib entwickelt und vor allen anderen Sinnen funktionsfähig ist. Das taktile System umschließt den ganzen Körper mit seiner Hautoberfläche, welche auch die erste räumliche Abgrenzung zwischen uns und der Umwelt darstellt, aber auch zur Kommunikation dient.

Durch Tasten und Berühren über die Sinnesorgane Hand, Haut und Mund vermittelt uns die taktile Wahrnehmung Informationen über die Umwelt. Durch verschiedenste Rezeptoren werden Reize aufgenommen. Über sie erfahren wir von der Form, Konsistenz, Oberflächenbeschaffenheit und Temperatur des jeweiligen Objektes. Unser Hautsinn wird in den Tastsinn, Temperatursinn und Schmerzsinn unterteilt.

> Der Hautsinn arbeitet eng zusammen mit dem Muskelsinn und Gleichgewichtssinn. Diese Vernetzung ist die Grundlage für die Entwicklung des Hörsinns, Sehsinns, Geschmackssinns und Riechsinns.

Die Haut ist unser größtes Organ und in ihren verschiedenen Schichten befinden sich Sinnesrezeptoren, die uns alle Arten von Berührungen wie Druck, Vibration, Temperatur und Schmerz spüren lassen.

Manche Körperteile besitzen mehr Rezeptoren als andere und sind dadurch auch empfindlicher, wie z. B. unsere Lippen und Fingerspitzen. Mit ihnen tasten wir differenzierter als mit anderen Gliedern unseres Körpers.

Unsere Nasenspitze z. B. beinhaltet sehr viele Kältepunkte und kann bei niedrgien Temperaturen rot werden. Aber auch in unserem Körperinneren und im Gehirn befinden sich sogenannte Thermorezeptoren, die Zittern, Schwitzen oder auch Fieber auslösen können.

Durch verschiedenste Schmerzrezeptoren spüren wir unterschiedliche Erkrankungen, wie etwa Kopfweh oder Magenschmerzen. Aber auch schwere psychische Konflikte können sich als Schmerz äußern.

Was deutet auf taktile Wahrnehmungsstörungen hin?

Bei taktilen Wahrnehmungsstörungen differenziert man zwischen taktil suchenden und taktil abweisenden Verhaltensweisen.

Taktil suchende Kinder empfangen zu ungenaue und zu wenige Reize. Ihr Körperschema ist unterentwickelt und somit spüren diese Kinder sich selbst nur unzureichend. Dadurch sind ihre Bewegungen ungeschickt, unkoordiniert und ruhelos. Kinder, die unter dieser Wahrnehmungsstörung leiden, sind sehr aktiv. Sie möchten alles anfassen. Dadurch können Gegenstände beschädigt werden, da die Kraft nicht gezielt dosiert werden kann. Beispielsweise kann beim Tischdecken Geschirr zu Bruch gehen. Das erschwert die Planung und Durchführung alltäglicher Aktivitäten. Taktil suchende Kinder stolpern oft unkontrolliert durch den Raum und fallen somit häufig hin. Auffällig ist, dass sie sich dabei selten wehtun, da sie ein sehr geringes Schmerzempfinden haben. Taktil suchende Kinder können auch eine vorgegebene Distanz nicht einhalten, beispielsweise den Abstand zu einer anderen Person. Das macht es den Kindern oft schwer, angepasst in Beziehung zu anderen zu treten.

> Man unterscheidet taktil suchende und taktil abweisende Wahrnehmungsstörungen.

Anders verhält es sich bei *einer taktil abweisenden* Wahrnehmungsstörung.

Taktil abweisend bedeutet, dass zu viele und zu schnelle Reize empfangen werden. Das führt dazu, dass sich solche Kinder sehr passiv und ängstlich verhalten und sich zurückziehen, da der nächste taktile Impuls sehr unangenehm sein kann. Sie wirken oft angespannt und sind schnell erregbar. Sie vermeiden Berührungen jeglicher Art, vor allem im Gesichtsbereich. Da dieser sehr empfindlich ist, z. B. beim Waschen, Eincremen oder Kämmen, kann es zu Wutausbrüchen oder verbalen Attacken kommen. Aber auch das Tasten von bestimmten Materialien wie etwa Sand, Wolle, Matsch etc. kann unerträglich sein. Häufig zeigen diese Kinder stereotype Verhaltensweisen. Sie wiederholen beispielsweise immer die gleichen Spiele, da ihnen diese bekannt und somit einzuordnen sind. Alltägliche Strukturen und Rituale sind deshalb sehr wichtig für taktil abweisende Kinder. Für vorhersehbar unangenehme Situationen entwickeln sie eine Art Fluchtverhalten, um sich zu schützen.

Angebote zur Förderung der taktilen Wahrnehmung

Tastbild „Wasserfallbelland"

Tastbilder können sehr gut als Einstieg in die taktile Förderung dienen. Die Kinder können die Dosierung der Reize selber bestimmen und die Herstellung kann jederzeit unterbrochen und an anderen Tagen wieder aufgenommen werden. Darüber hinaus kann das fertige Bild immer wieder „befühlt" werden. Bei der Herstellung wird zudem die Feinmotorik und im Zusammenhang mit einer selbst erdachten Geschichte auch die Sprache gefördert.

Material: Krepppapier und Seidenpapier in den Farben des Wassers (alle Blautöne, grün, lila, türkis etc.), nicht wasserfest; Schüssel mit Wasser, Wäscheklammern, Zeichenblockpapier DIN A 3, Schere, Klebstoff; unterschiedliche Reliefpapiere wie z. B. Wellpappe, Samtpapier, Schleifpapier, Goldpapier, Pappe in der Größe des fertigen Bildes

Durchführung: Sicher haben auch Sie schon einmal die Erfahrung gemacht, dass Seiden- und Krepppapiere stark färben, wenn sie nass werden. Darum eignen sie sich gut dazu, weißes Papier einzufärben.

Verschiedene Seiden- und Krepppapierreste zu walnussgroßen „Knödeln“ formen. Dann einen Papierknödel mit einer Wäscheklammer greifen, kurz in das Wasser tauchen, abtropfen lassen und das Zeichenblatt damit betupfen oder wellenförmig wischen. Auf diese Weise das ganze Blatt einfärben. Gut trocknen lassen. Aus den unterschiedlichen Papierarten verschiedene Fische, Wassertiere und Pflanzen, die in dieser Wasserwelt leben könnten, ausschneiden und aufkleben. Anschließend das fertige Bild zur besseren Stabilität auf Pappe ziehen.

Natürlich können in dieser Technik auch Wald-, Dschungel- oder Weltallbilder entstehen.

Sandkunstwerke

Mit diesem kreativem Angebot lässt sich ebenfalls gut in die taktile Förderung einsteigen. Sand ist keinem Kind unbekannt und hat seinen eigenen Aufforderungscharakter. Das Kind kann hierbei vorgeben, inwieweit es sich auf das Bild einlassen möchte. Zuerst einmal nur einen Gegenstand „zu Sand“ bringen oder mit Finger oder Stöckchen malen?

Bei der Herstellung werden Feinmotorik und Kreativität gefördert.

Material: Sandfläche, Naturmaterialien, Wasser, Gießkanne, dünner Stock, Schaufel, Digitalkamera

Vorbereitung: Zunächst wird die benötigte Sandfläche mit einer Schaufel glattgestrichen. Ist der Sand sehr trocken, empfiehlt es sich, mit einer Gießkanne den Sand nass zu machen, damit man besser malen kann.

Durchführung: Mit den Fingern oder einem dünnen Stöckchen kann nun ein fantasievolles Bild in den Sand geritzt werden. Wichtig zu beachten: im Sand sollte man alles viel größer malen als auf Papier, da man sonst Details nicht erkennen kann. Um das Bild nun „anzumalen", werden verschiedene Naturmaterialien als Farben benutzt. Zum Beispiel wird das gezeichnete Haus mit Rinde verkleidet, die Blütenblätter der gemalten Blume bestehen aus Gänseblümchen, die Sonnenstrahlen im Sand werden durch Grashalme ersetzt, die Flügel des Schmetterlings werden mit Kieselsteinen umrandet etc. Möglicherweise bekommt das Kunstwerk noch einen Bilderrahmen aus Blättern. Sandbilder existieren nie lange. Umso schöner ist es, wenn man das Meisterstück mit der Kamera festhalten kann, um das Foto später entwickeln zu lassen. Ideen für einen Bilderrahmen aus Naturmaterialien hat man dann bestimmt parat.

Spielteige und Modelliermassen

Spielteige und Modelliermassen fördern die taktile Wahrnehmung und die Feinmotorik und können dadurch gut in der Förderung der betroffenen Kinder eingesetzt werden. Darüber hinaus werden aber auch die Kreativität und die Fantasie angeregt. Nachfolgende Modelliermassen eignen sich gut für Kinder, die erste Erfahrungen mit Knetmassen machen.

Modelliermasse

Material: 625 g Mehl, 50 g Salz, 5 EL Öl, ¼ bis ½ Liter Wasser (je nach gewünschter Konsistenz), 1 Tube Lebensmittelfarbe, Handrührgerät

Vorbereitung: Das Wasser aufkochen. Zwischenzeitlich die anderen Zutaten in eine große Schüssel geben. Vorsichtig nach und nach das Wasser zugeben und alles mit dem Handrührgerät vermischen. Mit der abgekühlten Masse können die Kinder modellieren. In Folie gewickelt hält sich diese Modelliermasse bis zu drei Wochen.

Spielidee „Pizza backen" zum Einsatz der Modelliermasse

Zuerst wird der Teig richtig fest durchgeknetet.	Jedes Kind bekommt etwas Teig, den es durchknetet.
Dann wird etwas Teig für die Pizza ausgerollt.	Mit Hilfe einer Teigrolle wird der Teigklumpen glattgerollt.
Jetzt wird leckere Tomatensoße auf dem Pizzaboden verteilt.	Als Tomatensoße kann etwas rote Lebensmittelfarbe auf den Teig verteilt werden.
Nun kann die Pizza nach Geschmack belegt werden (Pilze, Schinken, Paprika ...)	Aus dem restlichen Teig können sich die Kinder kleine Stückchen als Pilze usw. formen und auf ihre Pizza legen.
Jetzt kommt noch der Käse darüber.	Dafür wird etwas Teig mit den Fingern zerbröselt und auf der Pizza verteilt.
So und dann ab in den Ofen.	Die fertige Pizza wird auf ein Tablett gelegt, welches das Backblech darstellen soll.

Im Anschluss an diese Geschichte können die Kinder ihre Pizza vom Blech nehmen und sagen, womit sie diese belegt haben. Anschließend können die Pizzas aufgeschnitten und „probiert" werden.

Hinweis: Da taktil suchende Kinder oft ihre Reize auch über den Mund erfahren wollen, wurde bewusst eine ungiftige Modelliermasse gewählt. Diese lässt sich auch bei jüngeren Kindern problemlos einsetzen.

Salzteig mit Kleister

Dieser Teig eignet sich gut dafür, um die kleinen Kunstwerke durch das Backen im Ofen haltbar zu machen.

Material: 1 Tasse Mehl, 2 Tassen Salz, ca. 1 Tasse Wasser,1 EL Tapetenkleister, 1 Tube Lebensmittelfarbe

Vorbereitung: Die Zutaten miteinander vermischen, so dass eine glatte Masse entsteht.

Durchführung: Aus dem Salzteig können die Kinder Figuren oder andere Dinge gestalten, die dann im Backofen bei 100 Grad ca. eine Stunde getrocknet werden.

„Pappmaché"-Theater

Das Arbeiten mit Kleister bietet die Möglichkeit, besonders taktil abweisende Kinder zu fördern. Die Konsistenz von Kleister ist dickflüssig, klebrig und glitschig und eignet sich nicht für eines der ersten Förderangebote, da die Berührung mit dieser Masse für das Kind sehr unangenehm sein kann. Ist eine positive Verhaltensentwicklung zu beobachten, kann das Kind bei dieser Methode jedoch viel Spaß und Fantasie entwickeln.

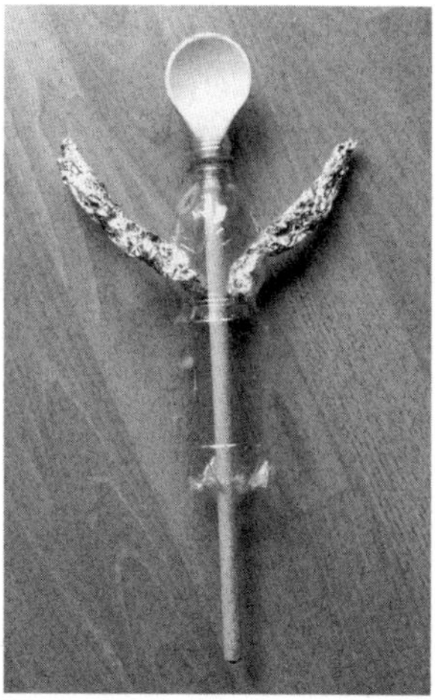

Durch die Konstruktion der Theaterpuppen werden unter anderem Feinmotorik und Beidhändigkeit geschult.

Material: Zeitung, weißes Papier, Kleisterpulver, Wasser, Schneebesen, Kochlöffel aus Holz ca. 30–40 cm lang, leere Plastikflasche (0,3 Liter), Handbohrer, Messer oder Schere, Alufolie

Durchführung: Zuerst wird mit Hilfe eines Handbohrers, eines Messers oder einer Schere in die Mitte des Flaschenbodens ein Loch von etwa 1,5 cm Durchmesser gebohrt. Der Kochlöffel wird mit dem Stiel durch die Flasche geschoben, so dass die runde Kelle oben den Kopf und die Flasche den Körper bildet. In die obere Flaschenhalshälfte werden zu beiden Seiten parallel zwei Löcher mit einem Durchmesser von ca. 1 cm angebracht. Mit Alufolie werden zwei „Arme" geformt, die durch beide Öffnungen hindurchgesteckt werden. Das grobe Gerüst der Puppe steht. An der unten herausragenden Stange wird später die fertige Theaterpuppe gehalten und bewegt. Zeitungen und weißes Papier werden in größere Schnipsel gerissen. Der Kleister wird mit einem Schneebesen angerührt. Auf die Puppenfigur werden mit Kleister mehrere Schichten Zeitungsstreifen geklebt. Danach wird das gleiche Verfahren mit weißem Papier durchgeführt, da dieses einen optimalen Untergrund zum Anmalen bietet. Nun muss die Puppe ein bis zwei Tage trocknen. Das Gestalten der Theaterpuppe kann vielfältig sein. Ob mit Fingerfarbe oder verschiedenen Materialien (Wolle, Federn, Knöpfen, Filz u.a.), jede Figur kann individuell dekoriert werden.

Vorschlag für die Gestaltung einer Theaterpuppe:

Material: 2 Perlen, 1 Knopf, roter Filz, weiße Federn, kleine dekorative Sterne, Watte, Heißkleber, Schere, Stift

Durchführung: Zuerst werden zwei gleiche Perlen, die als Augen dienen sollen, mit Heißkleber befestigt. Hierbei sollte ein Erwachsener dem Kind zur Hand gehen. Ein kleiner heller Knopf wird zur Nase und aus rotem Filz wird ein entsprechend großer lächelnder Mund ausgeschnitten. Beides wird ebenfalls mit Heißkleber angebracht. Braune Wolle wird in gleich lange Fäden geschnitten und am Kopf als Haar befestigt. Das Puppengesicht ist fertig. Die Arme werden mit mehreren weißen Federn verkleidet, so dass sie wie Flügel aussehen. Weiterhin bekommt die Puppe ein Kleid aus Filz. Dieses muss zunächst aufgemalt und ausgeschnitten werden. Kleine dekorative Sterne werden aufgeklebt. Nun kann das Kleid befestigt werden. Zum Schluss wird am unteren Ende der Flasche und des Kleides großzügig Watte angebracht, die einer Wolke gleichen soll. Aus einiger Entfernung (ca. ein halber Meter) wird mit Goldspray ein bisschen Goldstaub auf die Puppe gesprüht. Aus einer Pappmaché-Figur ist ein Theater-Engel geworden.

Fühlgeschichten

Anhand von Geschichten werden Wahrnehmungserfahrungen eher beiläufig gemacht. Darum eignen sie sich gut als Einstieg in die taktile Förderung. Über die verschiedenen Materialien agieren Kind und Erwachsenen gemeinsam. Dabei wird zuerst wahrscheinlich der Erwachsene die aktivere Rolle spielen. Wiederholt man die Geschichte öfter, wandelt sie ab oder ergänzt sie, kann der Erwachsene nach und nach passiver werden. Außerdem kann während des Spielens in kurzer Zeit gut beobachtet werden, welche Materialien dem Kind Probleme bereiten und welche akzeptabel sind. Wenn nötig, tauscht man bei einer Wiederholung der Geschichte einzelne Materialien aus und steigert mit der Zeit die Reizangebote.

Die Waldigelfamilie

Eine Fühlgeschichte mit verschiedenen Naturmaterialien.

Material: 2 große und 2 kleinere offene Kiefernzapfen, etwas Laub, Moos, kleine Äste, Tannenzweige, etwas Blumen- oder Walderde, 4 Stückchen Bindfaden (ca. 10 cm lang)

Vorbereitung: Wer möchte, kann den Kiefernzapfen aus Filz kleine Augen aufkleben.

Bevor Sie mit dem Erzählen und Spielen beginnen, werden an unterschiedlichen Stellen in einem geeigneten Raum (Mehrzweckraum, Therapieraum, aber auch evtl. draußen) die Naturmaterialien deponiert (in der Reihenfolge, in der sie in der Geschichte vorkommen). Die Kiefernzapfen werden unter dem Laub versteckt, die Bindfäden in der Erde.

Durchführung: Die Geschichte wird erzählt und mit den passenden Bewegungen begleitet.

Unter einem Laubhaufen am Waldrand lebte die Waldigelfamilie: der Igelvater Pieks, die Igelmutter Stacheline und die beiden Kinder Max und Susi.	Mit den Händen im Laub nach den Zapfen tasten und sie bei Nennung der Namen zeigen.
Eines Morgens stellte die Igelmutter Stacheline fest, dass alle Vorräte aufgebraucht waren und sie sagte zum Igelvater Pieks: „Wir haben gar nichts mehr zum Fressen. Gehst du bitte los und versuchst, ein paar Regenwürmer zu finden?“ „Natürlich“, antwortete Igelvater Pieks. „Ich mach mich sofort auf den Weg.“ Und Igelvater Pieks trippelte los.	Die beiden großen Kiefernzapfen führen einen „Dialog“.
Er kam nach einiger Zeit an ein Fleckchen mit weichem, kuscheligem Moos. Hier wollte er erst einmal eine kleine Pause machen und er legte sich mitten hinein. Dann schnüffelte er vorsichtig mit seiner Schnauze nach Käfern oder Würmern, fand aber nichts zum	Kind oder Erwachsener führen nun während des Erzählens immer die passenden Handlungen aus. 

Fressen. Darum lief er weiter. Er musste jetzt über viele Baumäste klettern. Ein bisschen ängstlich war er dabei, aber schließlich hatte er es geschafft. Doch etwas zum Fressen fand er auch hier nicht. Darum trippelte er weiter. Nun versperrten ihm viele Tannenzweige den Weg. Hoffentlich gab es hier kein Futter für ihn. Er wollte nicht mit seiner Schnauze in den stacheligen Dingern herumwühlen.

Als er die Tannen hinter sich hatte, lief er darum ganz schnell weiter. Bald erreichte er den kühlen weichen Waldboden. Hier gab es sicher einige Leckerbissen für seine Familie. Er wühlte in der Erde herum und fand schließlich vier köstliche Regenwürmer.

Er nahm sie mit und machte sich schnell auf den Rückweg.

Bindfäden

Über alle Materialien zurückgehen

Igelmutter Stacheline, Max und Susi warteten schon vor dem Laubhaufen auf ihn. Gemeinsam verspeisten sie die leckeren Würmer. Dann krochen sie wieder unter das Laub und hielten ein kleines Schläfchen.

Wenn das Kind die Geschichte des Öfteren gespielt hat, können neue Reizangebote den Weg des Igelvaters ergänzen, z. B.:

- mit einer Blumenspritze Regen simulieren,
- ein paar dicke Steine zum Überklettern von Felsen,
- kleine Steine als Schotterweg,
- Kastanien, Eicheln, Bucheckern, mit denen er spielt,
- ein Blasebalg, um Wind darzustellen.

Ist die Geschichte „ausgereizt“, muss sie beendet werden. Hierzu könnte der Igelvater z. B. ein letztes Mal vor dem Winterschlaf auf Futtersuche gehen und anschließend kuschelt sich die ganze Waldigelfamilie bis zum Frühjahr in den Laubhaufen ein. Möglich ist vielleicht auch, dass der Igelvater, der schon ganz müde ist, das Kind bittet, Futter zu suchen. Es kann dann barfuß den Parcours abgehen und die Igelfamilie verabschiedet sich danach in den Winterschlaf.

Die Drachengeschichte

Durch diese Massagegeschichte soll das taktil abweisende Kind dazu befähigt werden, Reize auf dem Rücken auszuhalten und dabei zu entspannen. Außerdem kann es im Gegenzug erleben, wie es ist, selbst gezielte Berührungen auf dem Rücken anderer Personen auszuführen. Dabei kann beobachtet werden, wie andere Kinder darauf reagieren, was evtl. auch zur Motivation dienen kann. Nebenbei wird die Körperwahrnehmung, Feinmotorik, aber auch die Sensibilität füreinander gefördert.

Material: Die Anzahl der genannten Materialien richtet sich nach der Anzahl der Kinder – Steine, Seile, Massagebälle (Igelbälle), kleine aufgeblasene Luftballons, Wollknäuel, Weinkorken, Matten. Außerdem CD-Player bzw. Kassettenrekorder, ruhige, entspannende Klänge, Meditationsmusik

Vorbereitung: Anfangs soll der Raum etwas hergerichtet werden. Matten auslegen, CD-Player mit ruhiger Musik bereitstellen und das Zimmer leicht abdunkeln, damit gleich eine entspannte Atmosphäre entsteht und die Kinder zur Ruhe kommen.

Durchführung: Die Kinder werden paarweise eingeteilt. Einer legt sich hin, der andere massiert. Den Kindern wird die Bedeutung der einsetzenden Musik erklärt. Sobald sie diese wahrnehmen, können sie das Kind vor ihnen auf der Matte mit dem jeweiligen Material berühren, so lange, bis die Melodie wieder endet. Dann werden die Materialien vorgestellt, die der Reihe nach benutzt werden. Dies dient auch dazu, dass das taktil abweisende Kind zuvor sieht, mit welchen Gegenständen es berührt wird.

Hinweis: Die Kinder sollten nur ein T-Shirt oder Unterhemd tragen, damit sie die Berührungen differenzierter wahrnehmen können.

Es war einmal ein kleiner Drache, der mit riesigen Füßen durch die Gegend tappte. Das Laufen fiel ihm schwer und er war einfach sehr müde. So müde, dass er gar nicht mehr wusste, wie ihn seine Beine tragen konnten. Er setzte sich, um eine Pause zu machen und schlief auf der Stelle ein.	Musik setzt ein: ein Stein wird mit leichtem Druck auf dem Rücken hin und her bewegt und bleibt beim Verklingen der Klänge darauf liegen.
Vorsichtig wagt sich ein Schlangenkind aus seinem Versteck und kriecht um den großen Drachen herum. Auf einmal hört es ein	Musik setzt ein: ein Seil wird langsam über den Rücken des Kindes und um den Stein herum gezogen und verschwin-

Schnarchen. Der Drache schläft tief und fest und rührt sich nicht vom Fleck. Trotzdem hat das Schlangenkind sich erschrocken und flüchtet sich in sein Nest.

det nach einiger Zeit wieder. Musik verklingt.

Ein Igel kommt daher. Ja, was ist denn hier los? Da liegt ein großes Monster im Weg. Gespannt trippelt der Igel um das riesige Etwas herum und ist völlig verwirrt, weil er nicht weiß, was er davon halten soll. Plötzlich hört er ein Schmatzen. Der Drache muss wohl von einem leckeren Essen träumen. Dem Igel jedenfalls ist das alles nicht geheuer und er tritt den Rückzug an.

Musik setzt ein: mit dem Massageball bzw. Igelball wird das Kind auf dem Rücken und um den Stein herum massiert. Musik verklingt.

Nach einiger Zeit kommt ein hüpfendes Känguru am Drachen vorbei. Es versucht gerade sein schreiendes Baby zu beruhigen. Doch als es den Drachen sieht, ist seine Mutter doch sehr verwundert. Selbst das Baby hat aufgehört zu weinen. Interessiert springt es um das große Ungetüm herum. So etwas hat die Welt noch nicht gesehen, denkt es sich. Auf einmal merkt das Känguru, wie der Drache sich mit einer Pfote am Hinterteil kratzt, seufzt und weiterschläft. Jetzt ist es doch etwas ängstlich geworden und hopst davon, um sich und das Baby in Sicherheit zu bringen.

Musik setzt ein: ein Luftballon tanzt, immer wieder auf dem Rücken aufkommend, durch die Luft. Musik verklingt.

Ein Bär ist auf dem Weg zum Fluss, um Fische zu fangen. Aber

Musik setzt ein: der Stein wird mit leichtem Druck vom Rü-

Moment einmal, was liegt da vorne im Weg? Ich bin groß und stark, denkt sich der Bär, das werde ich mir mal genauer anschauen. Leise tappt er um das seltsame Monstrum. Ihm wird ganz anders zumute, als der Drache sich im Schlaf von einer Seite auf die andere wälzt. Der Bär entscheidet sich doch dafür, so schnell wie möglich zu seinen Fischen zu kommen.

Auf einem Baum in der Nähe sitzt ein Vogel. Er hat den Drachen und die anderen Tiere die ganze Zeit beobachtet. Er fliegt vom Baum und spaziert ein Mal um den Drachen herum und noch ein Mal und noch ein Mal. Dann pfeift er laut und fliegt davon.

Von dem lauten Gezwitscher des Vogels ist der Drache aufgewacht. Er reckt sich und streckt sich, steht auf, geht ein paar Schritte und schaut sich einmal um. Das war ein ganz schönes Plätzchen um einen Mittagsschlaf abzuhalten, denkt er. Nur irgendetwas ist doch merkwürdig. Er dreht sich noch mal nach allen Seiten um und bemerkt ein paar Tiere, die hinter einem Gebüsch sitzen und ihn anstarren. Da sind ein Schlangenkind, ein Igel, ein Känguru, ein Bär und ein Vogel. Er winkt ihnen zu und macht sich

cken herunter bewegt. Musik verklingt.

Musik setzt ein: mit einem Weinkorken werden die Schritte des Vogels nachgeahmt. Musik verklingt.

Musik setzt ein: ein Wollknäuel wird druckvoll über den Rücken und um den Stein gerollt. Musik verklingt.

dann wieder auf den Weg in Richtung Heimat.

Die anderen Tiere kommen hinter dem Gebüsch hervor. Sie sind erstaunt, dass dieses große Tier so harmlos war und keine Gefahr für sie darstellte. Schließlich war es größer als sie alle zusammen. Erleichtert kriecht das Schlangenkind von dannen. Die Kängurumama streichelt ihrem Baby über den Kopf und freudig hüpft sie nach Hause. Sogar der Bär atmet tief durch und trollt sich weiter Richtung Fluss. Und der Vogel stimmt ein helles Gezwitscher an und spaziert dem Bären hinterher.

Musik setzt ein: alle Materialien werden einzeln noch einmal über den Rücken massiert. Die Musik endet.

Die Kinder tauschen die Rollen.

„Blindenschrift"-Geschichte

Mit einer eigens für sie und mit ihnen gestalteten „Fühlgeschichte" werden Kinder, die taktil abweisend reagieren, angeregt, über die sensiblen Fingerspitzen erste taktile Wahrnehmungen zu machen. Bei Kindern, die eher starke taktile Reize benötigen, sollte diese Methode erst eingesetzt werden, wenn schon Verhaltensfortschritte zu beobachten sind, denn diese Geschichte fordert sie dazu auf, vorsichtig und ohne Druck zu agieren.

Bei der Herstellung wird ganz nebenbei noch die Feinmotorik und die Auge-Hand-Koordination geschult.

Material: festes Papier DIN A 4 (190 g/m^2 – entspricht Briefkartenstärke), Prickelnadel, Prickelunterlage, Bleistift, schwarzer, dünner Edding, Spiralbinder und Zubehör oder Locher und Kordel

Vorbereitung: Zuerst wird eine kurze Geschichte entworfen. Dabei auf einfache Formen achten. Mit Bleistift die einzelnen Szenen auf dem Papier (Querformat) vorzeichnen. Dabei pro Szene ein Blatt verwenden und die Formen, Personen oder Gegenstände nicht so nah nebeneinander malen. Wenig Details einzeichnen. Die gezeichneten Linien tief mit der Prickelnadel nachstechen. Dabei darauf achten, dass die Löcher nicht zu nah nebeneinander gesetzt werden, aber auch kein Abstand größer als zwei mm ist. Das Blatt wenden. Die Löcher sind nun gut zu fühlen. Auf jeder Seite jetzt einen kurzen Text hinzuschreiben. Die Seiten lochen und mit einer Kordel binden oder mit einem Spiralbinder fixieren.

Hinweis: Achten Sie darauf, die Bilder seitenverkehrt aufzumalen, da die Rückseite zur Vorderseite wird.

Nachfolgend nun ein Vorschlag für eine Geschichte:

1. Seite *Der kleine getupfte Ball rollt über die Straße.*	Runde Form, auch Löcher in der Mitte stechen. Straße in einer parallelen Linie – ca. 0,5 cm Abstand – prickeln. Ball befindet sich in der Mitte der Straße.
2. Seite *Plötzlich wurde der Weg ganz holperig.*	Straße in parallelen Wellenlinien. Ball in der Mitte.
3. Seite *Als der kleine getupfte Ball weiterrollte, wurde die Straße eine richtige Berg- und Talbahn.*	Straße in großen, parallelen Spitzen. Ball in der Mitte.
4. Seite *Das war dem kleinen getupften Ball viel zu rumpelig und er machte einen Sprung durch die Luft.*	Straße in großen parallelen Spitzen unten auf dem Blatt, Ball oben in der Mitte der Seite.
5. Seite *Als er wieder auf der Straße aufsprang, war der Weg ganz glatt, stieg aber bergan und er rollte weiter.*	Straße glatt aber ansteigend, Ball am Ende der Strecke.
6. Seite *Plötzlich stieß er an einen dicken Stein. „Aua“, rief er, bekam ganz viel Schwung und rollte den ganzen Weg wieder zurück.*	Schräge Straße, in der Mitte der Umriss eines großen Steins. Der Ball liegt direkt davor. Der Weg wird nun „zurückgefühlt“.

In Bewegung! – Fühlen mit dem ganzen Körper

Gestaltet man eine ganze Bewegungseinheit mit taktilen Wahrnehmungsangeboten, sind die Kinder, die in diesem Bereich Probleme haben, überfordert. Aber kleine Elemente lassen sich in jede Bewegungsstunde gut einbauen und sind somit ein zusätzliches Förderangebot.

Nudelholzmassage

Das Nudelholz ist sicher eher ein ungewöhnliches Sportgerät, bietet aber auch ganz neue Erfahrungen. Auf Flohmärkten kann man sie oft günstig und in unterschiedlichen Ausführungen erstehen. Außerdem ist das glatte Holz ein angenehmes „Tastmaterial". Allerdings ist es eher für taktil suchende Kinder geeignet und hier auch nicht für die ersten Förderangebote. Die Kinder sollten den Druck schon etwas regulieren können.

Spielvorschläge:

- Jedes Kind probiert aus, wo und wie das Nudelholz auf seinem Körper gerollt werden kann. Dabei über die Knochenpartien vorsichtig rollen. Die Kinder verändern den Druck bei der „Massage".
- Ältere Kinder können sich in einer Partnerübung gegenseitig massieren.
- Das Nudelholz wird mit den Händen oder den Füßen über den Boden gerollt, indem man das Mittelstück anstößt.
- Das Nudelholz wird krabbelnd gerollt, indem man mit den Händen die Griffe anfasst und das Holz vor sich herschiebt.
- Das Kind liegt mit dem Bauch auf dem Nudelholz und bewegt sich langsam vorwärts und rückwärts.
- Das Kind selber ist das Nudelholz und rollt sich lang gestreckt über eine Matte (den Teig).

Luftballontanz

Der Luftballon ist ein Turngerät, das allein nur sehr schwache Reize verursacht. Übt man mit ihm oder auf ihn Druck aus, verstärken sich die Reize, sind aber evtl. noch erträglich. Durch seine eigene Trägheit und sein geringes Gewicht ist der Luftballon ein Gegenstand, der vorsichtigen, taktil abweisend reagierenden Kinder sehr entgegenkommt.

Spielvorschläge:

- Den aufgepusteten Luftballon in verschiedenen Arten durch den Raum tragen, z. B. unter die Achsel klemmen, mit beiden Armen vor dem Bauch fest umfassen, mit den Fingerspitzen weit vom Körper halten.
- Den Luftballon zwischen den Knien platzieren und langsam gehen.
- Als Partnerübung: Zwei Kinder halten einen Luftballon durch Druck zwischen ihren Körpern, gehen oder „tanzen" dann.
- Jedes Kind steckt sich seinen Luftballon unter sein T-Shirt. Nun dürfen sich die Kinder gegenseitig anstoßen.
- Gemeinsam wird eine Melodie gesummt. Dabei die Lippen an den Luftballon halten und so die Vibration spüren.

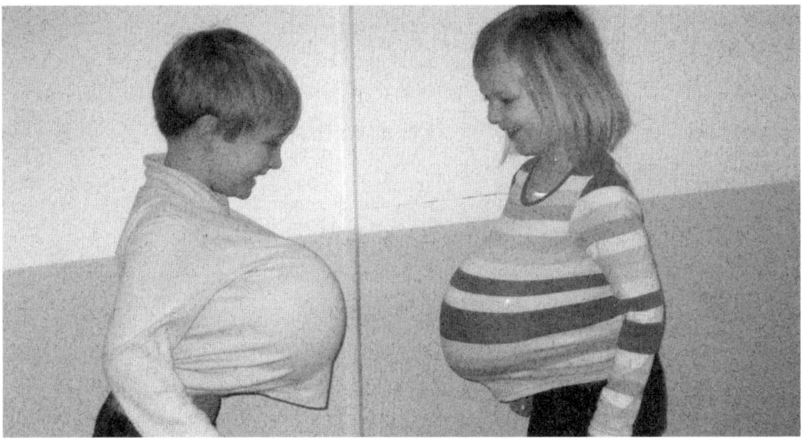

Paarsuche

Kindern mit taktilen Wahrnehmungsstörungen fällt es oft schwer, Formen, Gewicht und Größen zu differenzieren. Sie haben z. B. Probleme, aus verschiedenen Gegenständen ohne visuelle Hilfe zwei gleiche herauszusuchen.

Spielvorschläge:

- In einer großen Kiste (z. B. Turnkasten ohne oberen Deckel) in der Raummitte befinden sich unterschiedliche Gegenstände aus dem Bewegungsraum jeweils in zweifacher Ausführung, z. B. Tennisring, Softball, Tennisball, Seil, Bohnensäckchen, Rhythmiktuch. Die Kiste ist mit einer Decke zugedeckt. Alle Kinder stellen sich in einer Reihe hintereinander auf. Das erste Kind ertastet zwei gleiche Gegenstände, zeigt sie den anderen, legt sie wieder in den Kasten, läuft eine Runde durch den Raum und stellt sich in der Reihe wieder hinten an. In der Zwischenzeit hat das nächste Kind schon ein Paar ertastet usw. Das Laufen überbrückt die Wartezeit, baut Anspannung ab und befähigt zu neuer Konzentration.
- Schwieriger wird das Spiel, wenn sich in der Kiste paarweise nur unterschiedliche Bälle befinden.

Hart oder weich?

Auch hier geht es um das Ertasten unterschiedlicher Materialbeschaffenheiten. Als Paarspiel fördert es gleichzeitig auch die Kommunikation und das Sozialverhalten.

Spielvorschläge:

- In der Mitte des Raumes liegen viele unterschiedliche Gegenstände aus harten bzw. weichen Materialien. In einer Raumecke befindet sich ein Symbol für „hart“, in der gegenüberliegenden Ecke ein Symbol für „weich“. Die Kinder bringen die jeweiligen Materialien einzeln in die dafür vorgesehene Ecke.

- Jeweils zwei Kinder bilden ein Team. Um die Materialien in die jeweilige Ecke zu schaffen, müssen sie sich eine Transportmöglichkeit überlegen, z. B. jeden Gegenstand zwischen sich klemmen und transportieren, als Schubkarre, auf den gefassten Händen.
- Für ältere Kinder bietet sich schon ein Wettspiel an. Es gibt gleich viele weiche und harte Gegenstände. Zwei Kinder oder zwei Paare treten gegeneinander an und entscheiden sich jeweils für eine Materialart. Wer seine Sachen zuerst in seiner Ecke hat, ist Sieger.

Volle Kraft voraus

In dieser taktilen Förderungseinheit geht es weniger um das Material, sondern um die Kraft, die das Kind in den verschiedenen Spielen einsetzen muss. Dadurch erhält es Spürinformationen. Besonders taktil suchende Kinder können hier gut in ihrer Körperkoordination, ihrem Gleichgewicht und ihrer Kraftdosierung gefördert werden. Aber auch Teamfähigkeit und Kreativität spielen eine Rolle.

Material: Medizinbälle, Decken, Reifen, Bank oder Seil

Ballschlacht

Die Mitte des Spielfeldes markiert eine Bank oder ein Seil, dass etwa 40–50 cm vom Boden entfernt aufgehängt wird. Auf jeder Spielhälfte befindet sich eine Mannschaft von etwa drei bis vier Mitspielern. Medizinbälle werden zu gleichen Anteilen an die Teams verteilt. Ein Schiedsrichter beginnt und beendet das Spiel mit einem Signal. Ziel des Spiels ist es, so schnell wie möglich alle Bälle in die Spielhälfte des Gegners zu werfen. Die Mannschaft, die am Ende des Spiels die wenigsten Bälle in ihrem Feld hat, ist der Gewinner.

Slalom um den Ball

Es wird eine Decke ausgebreitet und ein Kind der Gruppe (nicht mehr als vier Kinder pro Gruppe) setzt sich darauf. Mehrere Medizinbälle werden in einer Reihe mit genügend Abstand aufgestellt. Das Kind auf der Decke soll von den anderen im Slalom durch die Bälle gezogen werden. Dann wird gewechselt. Das Spiel kann auch um die Wette gespielt werden.

Decke, Ball, Reifen – Tor!

Ähnlich wie bei *Slalom um den Ball* wird ein Kind auf einer Decke von seiner Gruppe durch den Raum gezogen. Es hat einen Medizinball in der Hand. Im Raum verteilt liegen vier Reifen auf dem Boden. Während das Kind auf der Decke durch das Zimmer transportiert wird, muss es versuchen, den Ball in die Reifen zu werfen und dadurch so viele Tore wie möglich zu bekommen. Ein Kind der Gruppe ist dafür zuständig, den Ball dem „Torschützen" so schnell es geht wieder zu bringen. Danach wird gewechselt, bis jeder an der Reihe war.

Bälle auf der Bank

Es werden zwei gleich starke Mannschaften von etwa vier bis sechs Mitspielern gebildet. Jedes Team hat eine Bank und mehrere Medizinbälle, die der Schiedsrichter gleichmäßig auf den Bänken verteilt.

Ziel des Spiels ist, die Bank durch den Raum zu tragen, ohne dass die Bälle herunterfallen. Wenn ein Ball auf den Boden fällt, muss er wieder auf die Bank zurückgelegt werden. Je nach Alter der Kinder kann man eine Punktabzugsregel für jeden herabgefallenen Ball einführen. Das sollte zuvor mit den Mannschaften geklärt werden.

Was ist das?

Dieses Spiel lässt sich gut mit mehreren Gruppen spielen. Die Kinder bekommen die Aufgabe, aus Decken, Medizinbällen, Reifen und Bänken etwas zu gestalten. Sie müssen nicht alle Materialien verwenden. Es besteht auch die Möglichkeit, dass sie sich selbst in das Kunstwerk mit einbeziehen. Die anderen Teams müssen erraten, was dargestellt worden ist. Wenn man das Spiel mit mehreren Mannschaften spielt, ist es ratsam, eine Zeitvorgabe für die Dauer der Gestaltungsaufgabe anzugeben.

Eimer – Wasser – LOS

Mit diesem Spiel werden vor allem Kinder mit taktil suchendem Verhalten angesprochen. Die Kinder kommen mit Wasser in Berührung, nehmen es zunächst aber nicht so intensiv wahr. Durch das Transportieren der vollen Eimer müssen sie Kraft aufwenden. Dabei spüren sie ihren eigenen Körper viel eher.

Mit diesem Angebot wird Geschicklichkeit, Kraftdosierung, Grobmotorik, aber auch Teamgeist gefördert.

Material: Eimer (Anzahl richtet sich nach der Anzahl der Teams); Wasser aus Schlauch, Brunnen oder Planschbecken; gleich große Wannen (Anzahl richtet sich nach der Anzahl der Teams); Material für Hindernisse, z. B. Seile, Baumstamm oder Bank etc.

Vorbereitung: Es werden Mannschaften mit etwa drei bis vier Spielern gebildet. Entweder der Erwachsene gibt vor, wer miteinander im Team ist, oder die Kinder wählen selbst. Die Gruppen sollten der Fairness halber gleich stark sein.

Durchführung: Ziel des Spiels ist es, die Eimer mit Wasser zu füllen und sie auf schnellstem Weg so voll wie möglich in die Wanne zu leeren. Wichtig: Es ist immer nur ein Spieler pro Team unterwegs, wie beim Staffellauf. Bei der Eimerübergabe endet die Aufgabe des ersten Mitspielers und der zweite begibt sich auf den Weg. Die Mannschaft, deren Wanne zuerst überläuft, hat gewonnen. Kommt das Wasser aus dem Schlauch, werden die Eimer mit Wasser gefüllt und das Startzeichen gegeben. Ratsam ist es, einen Unparteiischen zu wählen, der den Kindern die Eimer mit Wasser füllt, so dass dabei keine Rangelei entsteht. Bei Brunnen oder Planschbecken können die Eimer ab dem Anpfiff selbst gefüllt werden. Der Weg zu den Wannen muss gleich lang sein. Es können Hindernisse eingebaut werden, z. B. über einen Baumstamm steigen, im Slalom laufen, Eimer abstellen und fünf Mal Seil springen etc. Die Mannschaften sollten sich überlegen, wie sie vorgehen möchten. Zählt die Schnelligkeit und nimmt man in Kauf, dass dabei Wasser verschüttet wird? Oder will man lieber darauf achten, dass die Eimer so voll wie möglich ankommen und der Weg eher langsam begangen wird? Die Gewinner dürfen auch gerne belohnt werden. Etwa mit einem Wassereis oder einer Wasserbombe, die ganz unerwartet explodiert.

Lebendiges Kunstwerk

Auf spielerische und lustige Weise wird bei diesem Gruppenspiel geübt, Berührungen anderer Kinder zuzulassen. Zudem können die betroffenen Kinder die „Kontaktpunkte" und die Anzahl der Mitspieler selber festlegen. Dadurch, dass die Berührungsstellen vorher bekannt sind, werden unliebsame Überraschungen vermieden und das Kind behält die Kontrolle.

Material: 1 großer Würfel, weißer Tonkarton, Lineal, Bleistift, schwarzer Edding, Schere, selbstklebende Folie, Tesakrepp, evtl. Fotoapparat

Vorbereitung: Aus dem Tonkarton sechs Karten, ca. 10 x 10 cm, ausschneiden. Auf diese Karten die Punkte 1–6 malen, so wie sie auch auf einem Würfel angeordnet sind. Anschließend mit selbstklebender Folie überziehen.

Durchführung: Das Kind bestimmt, wo an seinem Körper die sechs Karten mit den Würfelpunkten mit Tesakreppstreifen befestigt werden und bildet so den Mittelpunkt des Kunstwerkes. Nach und nach sucht es sich nun weitere Kinder, die die Skulptur mitgestalten. Dazu würfelt das ausgesuchte Kind und berührt mit seiner Hand die Körperstelle, die mit der dem Würfel entsprechenden Augenzahl gekennzeichnet ist. Dabei kann es natürlich vorkommen, dass eine Stelle mehrfach besetzt ist. Das Kind in der Mitte bestimmt, wann das Kunstwerk vollständig ist. Alle dürfen die Skulptur noch einmal bewundern. Zum Abschluss ein Foto machen. Dann schüttelt sich das Kind und alle Skulpturenteile fallen ab.

Hinweis: Bei jüngeren Kindern kann auch mit einem Farbwürfel gespielt werden. Bei sehr empfindlichen Kindern reicht zuerst ein Spiel in einer Kleingruppe mit einem Würfel mit drei Augen aus.

Spiele im Stuhlkreis

Spiele im Stuhl- oder Sitzkreis sind für Kinder mit taktilen Wahrnehmungsstörungen wenig problematisch, wenn man einige Grundsätze beachtet:

- Die betroffenen Kinder sollten nicht zu nah neben ihrem Nachbarn sitzen, um ungewollten Körperkontakt und somit Streitereien möglichst zu vermeiden.
- Taktil suchende Kinder sitzen am besten neben einem Erwachsenen, da sie oft mit Händen, Armen, Kopf aber auch Beinen Kontakt zu ihren Nachbarn „aufnehmen", was die anderen Kinder wahrscheinlich nicht akzeptieren werden.
- Taktil suchende Kinder sollten möglichst kein weiteres Spielzeug, Regale oder Ähnliches in erreichbarer Nähe haben, da sie sonst während des gesamten Stuhlkreises durch ständiges Betasten stören könnten.
- Um der Reizsuche während gemeinsamer Spiele Raum zu geben, bietet sich evtl. ein Taschentuch, ein Handschmeichler oder ein kleines Kuscheltier an, mit dem sich das Kind nebenbei beschäftigen kann.
- Bei Spielen, bei denen die Kinder sich alle anfassen oder die Hände dem Vordermann auf die Schulter legen, um sich z. B. als Schlange fortzubewegen, sollten die betroffenen Kinder das letzte Glied in der Kette sein. So können sie den Kontakt zum Vordermann selbst dosieren und müssen selber keine Berührungen ertragen.
- Spiele, bei denen bei geschlossenen Augen Berührungen erfolgen, sind eher ungeeignet.

Spielvorschläge: Taktile Förderung wird eigentlich in Einzelarbeit oder höchstens mit Kleingruppen durchgeführt. Im Stuhlkreis bietet sich allerdings die Möglichkeit, taktile Reize im Spiel einzusetzen und so Reizangebote zusätzlich einzuflechten. Außerdem empfinden die Kinder das Spiel nicht als besondere Situation, da alle das Gleiche tun.

Mein rechter, rechter Platz ist frei

Dieses Spiel ist sicher in jeder Kindergruppe bekannt. Hier erfährt es eine kleine Abwandlung. Nach dem Satz: „Mein rechter, rechter Platz ist frei, ich wünsche mir … herbei“, fragt das angesprochene Kind: „Und was soll ich auf dem Weg machen?“ Nun muss sich das erste Kind eine entsprechende Bewegung überlegen, z. B. „Mit den Fäusten auf den Brustkorb trommeln!“ „Mit den Handflächen auf die Oberschenkel schlagen!“ „Mit den Fingerspitzen über die Wange streichen!“ Hier ist der Fantasie der Kinder keine Grenze gesetzt.

Ausschlafen

Für dieses Spiel benötigen Sie Säckchen, die mit Sand, Bohnen, Reis oder Ähnlichem gefüllt sind und einen kleinen Teppich.

Ein Kind liegt auf dem Teppich in der Mitte des Stuhlkreises. Zwei bis drei von ihm bestimmte Kinder dürfen es vorsichtig mit den Säckchen an den gewünschten Körperstellen zudecken. Anschließend sagt das Kind an, wie viele Stunden es nun schlafen möchte. Hierbei sollte eine Zahl zwischen 1 und 10 genannt werden. Die ganze Gruppe zählt dann gemeinsam die Stunden:

„Der/die ... schläft eine Stunde, der/die ... schläft zwei Stunden, der/die ... schläft drei Stunden..." Ist die bestimmte Stundenzahl erreicht, rufen alle „Klingeling, der Wecker ruft, mit dem Schlafen ist jetzt Schluss!" Nun darf das „schlafende" Kind die Säckchen abschütteln und hochspringen.

Es ist wichtig, dass das Kind die Möglichkeit hat, schnell unter den Säckchen hervorzukommen, denn während der „Schlafenszeit" hat sich viel Konzentration und eventuell Anspannung aufgebaut, die sich entladen muss. Dadurch, dass die Kinder die Zeit selber bestimmen können, lernen sie, ein Zeitgefühl zu entwickeln, bestimmen die Dauer der Anspannung selber und haben ein Erfolgserlebnis, wenn sie diese Spanne im Laufe der Zeit steigern können.

Feuer, Wasser, Blitz

Dieses Spiel kennen sicher alle als Bewegungsspiel. Als Sitzspiel im Stuhlkreis kann es immer dann gut eingeschoben werden, wenn die Kinder unruhig sind und um zwischen zwei Konzentrationsphasen Entspannung herbeizuführen.

Ein Kind steht in der Mitte und ruft in willkürlicher Reihenfolge die Kommandos: „Feuer", „Wasser", „Blitz". Von den Kindern im Kreis werden die entsprechenden Bewegungen durchgeführt.

- Feuer: Die Kinder reiben mit ihren Handflächen ganz stark auf ihren Oberschenkeln, so dass ein Wärmegefühl entsteht.
- Wasser: Die Kinder klopfen mit allen Fingerkuppen auf Beine, Bauch und Kopf und stellen so Regentropfen dar.
- Blitz: Die Kinder klatschen einmal ganz stark in die Hände.

Schaumspiele

Schaumbasis Babyshampoo

Das Spielen mit Rasierschaum bietet viele taktile Anreize und eignet sich gut als Einstiegsangebot für „matschige" Substanzen. Allerdings hat dieses Material einige Nachteile: Es ist sehr kühl, der Geruch ist sehr intensiv und einigen Kindern und auch Erwachsenen unangenehm und es ist relativ teuer. Eine günstigere und angenehmere Alternative kann Babyshampoo sein.

Material: Babyshampoo, warmes Wasser, kleine Rührschüssel, Mixer, farbiges Wachstuch ohne Muster, bruchsicherer Spiegel (mindestens ca. 40 x 50 cm)

Vorbereitung: Ca. 3 Esslöffel Babyshampoo und 2 Esslöffel warmes Wasser in einer Rührschüssel mit dem Mixer aufschlagen, bis sich cremiger Schaum bildet. Je mehr Wasser man nimmt, desto poröser wird der Schaum, löst sich aber schneller wieder auf.

Durchführung: Um mit der Konsistenz des Schaums vertraut zu werden, wird zuerst nur das eigene Spiegelbild „eingecremt". Dazu liegt der Spiegel auf dem Wachstuch auf der Erde und das Kind hockt davor. Nun werden nach und nach alle Teile des Gesichts mit dem Schaum betupft. Später kann der gesamte Schaum auf den Spiegel gegeben werden. Mit beiden Händen wird nun das Spiegelbild mit Schaum zugedeckt

und der Schaum über den ganzen Spiegel verteilt. Zur rhythmischen Unterstützung bietet sich ein kleiner Reim an, z. B.: „Ene, mene, meck, der (die) …ist nun weg!"

Weitere Spielvorschläge:

- Als Erweiterung des Angebots rührt man zwei Schüsseln Schaum mit unterschiedlichen Temperaturen an. So werden weitere taktile Reize ermöglicht.
- Wenn Sie den Schaum mit Lebensmittelfarbe einfärben, eignet er sich gut für ein „Bodypainting" in der Badewanne. Vielleicht macht das Baden dann ja auch etwas mehr Spaß.

Achtung: Besteht der Spiegel nicht aus bruchsicherem Glas, sollte er auf einem Tisch liegen, damit sich das Kind bei eventuell zu starkem Aufstützen nicht verletzt.

Schaumbasis Seife

Taktil suchende Kinder benötigen hierbei zusätzliche Materialien, die stärkere Reize vermitteln als der weiche Schaum, wie z. B. unterschiedlich beschaffene und große Schwämme.

Taktil abweisend reagierende Kinder können über Hilfsmittel wie Schneebesen, Becher oder Schöpfkellen an die Berührung mit dem Schaum herangeführt werden.

Material: flüssige Schmierseife oder Kernseife (keine synthetischen Seifen), lauwarmes Wasser, kleine Wanne, Handtuch, Schwämme, Plastikschürzen, Schneebesen, Becher, Schöpfkellen, kleiner Tisch, einfarbige Wachstuchdecke

Vorbereitung: Die Wanne muss so niedrig stehen, dass das Kind beim Spielen bequem über den Rand bis auf den Wannenboden fassen kann. Eine Plastikschürze schützt die Kleidung vor Nässe. Es ist evtl. auch möglich, eine Mülltüte aufzuschneiden und diese dem Kind als Kittel überzuziehen. Dabei muss allerdings bedacht werden, ob es dem Kind angenehm ist, die Folie auf den Armen zu spüren.

In einer Schüssel kann man zusätzlich Wasser, Seife und etwas flüssige Lebensmittelfarbe aufschäumen, um die weißen Schaumgebilde damit zu dekorieren.

Durchführung: In die Wanne zuerst ca. 5 cm lauwarmes Wasser füllen. Nun flüssige Schmierseife zugeben und mit Hilfe des Schneebesens oder der Schwämme Schaum herstellen. Je öfter der Schwamm gedrückt wird, desto fester wird der Schaum. Wer mag, kann den Schaum auch mit einem Stück Kernseife durch Handwaschbewegungen entstehen lassen. Experimentiert das Kind nicht von alleine mit dem Schaum, gibt man eigene Anregungen:

- Schaum auf dem Handrücken, der Handfläche oder dem Arm „balancieren“.
- Schaum pusten.
- Mit der Fingerspitze Schaum aufnehmen und kleine Berge auf den Arm setzen.
- Mit der Handfläche Berge und Täler in der Wanne formen.
- Mit der Handkante den Schaum „schneiden“.
- Mit dem Becher den Schaum transportieren.
- Auf einem mit Wachstuch bedeckten Tisch Schaumlandschaften oder Schaumtürme bauen.

Taktile Wahrnehmungsförderung in Alltagssituationen

Essen

Die alltäglichen Mahlzeiten mit Kindern verlaufen selten reibungslos. Aber besonders für Kinder mit taktilen Wahrnehmungsstörungen stellen sich doch mehrere Probleme dar.

Aufgrund der unterschiedlichen Temperaturwahrnehmung empfinden Kinder das Essen sehr viel heißer als wir Erwachsene. Das kann bei taktil wahrnehmungsgestörten Kindern noch viel intensiver sein. Deshalb ist es wichtig für das Kind, das Gericht entsprechend warm zu sich zu nehmen.

Auch die unterschiedliche Konsistenz der verschiedenen Speisen darf man nicht unterschätzen. Für taktil suchende Kinder sind Lebensmittel mit harter Substanz sozusagen ein Genuss. Wenn sie beispielsweise in eine Möhre hineinbeißen, spüren sie sich selbst durch den widerstandsfähigen Druck viel besser. Taktil abweisende Kinder beißen sich an einer Möhre im übertragenen Sinn fast die Zähne aus. Das Gefühl ist für diese Kinder sehr unangenehm, da sie die Beschaffenheit der Möhre zu stark wahrnehmen. Meist wollen die Kinder dann nicht mehr weiteressen.

Taktil suchende Kinder haben ähnliche Schwierigkeiten bei flüssigen bis breiigen Speisen. Diese können sie kaum wahrnehmen. Oft fällt dann etwas von der Gabel oder neben den Teller.

Kinder, die Obst, Marmeladenbrote oder Ähnliches nicht anfassen wollen, können diese Lebensmittel mit einer Kuchengabel aufspießen.

Die Dauer der Mahlzeiten sollte nicht zu lang sein und auch andere Reize wie etwa Musik, Fernseher, Gespräche, Dekoration etc. sollten nicht überhand nehmen. Das Kind ist oft schon mit den oben genannten Punkten, Gerüchen und der Erwartung, das Essen den Regeln entsprechend einzunehmen, überfordert.

Die Mahlzeiten dürfen aber nicht zu einem unerfreulichen Ritual im Tagesablauf werden. Oft werden Kinder motiviert, indem sie bei der Zubereitung der Speisen mithelfen können. Und was man selbst gekocht hat, möchte man auch probieren. Erfahrungsgemäß hat dann das Essen einen ganz anderen Stellenwert für das Kind. Vielleicht kann die Nahrungsaufnahme so auch zum Genuss werden.

Kleidung

Uns allen ist es wichtig, dass wir uns in unserer Kleidung wohl fühlen. Pullover, die kratzen, oder Schuhe, die drücken, sind unangenehm und störend. Für Kinder mit taktilen Wahrnehmungsstörungen, vor allem für Kinder, die taktil abweisend reagieren, spielt geeignete Kleidung eine ganz besondere Rolle. Schon der kleinste störende Reiz kann zu aggressiven Verhaltensweisen, Konzentrationsmangel, Unruhe und Unzufriedenheit führen.

Mit einigen einfachen Maßnahmen kann allerdings für Erleichterung gesorgt werden:

- Etiketten sollten herausgetrennt werden. Sie stören oft so stark, dass Kinder sie selber herausreißen und somit ein Loch in der Kleidung entsteht.
- Rollkragen werden als sehr einengend empfunden.
- Reißverschlüsse in Jacken nicht bis oben schließen. Zu hoch geschlossene Kleidung stört und die Spitzen des Reißverschlusses kratzen.
- Hosenbunde sollten nicht zu eng sein und so jede Bewegung spüren lassen.
- Kleidung mit zu eng anliegenden Strickbündchen sollte durch Kleidung mit weiteren Ärmeln ersetzt werden.
- Synthetische Fasern oder Baumwollstoffe werden als angenehmer empfunden als Wolle.
- Betroffene Kinder tragen gerne weitere T-Shirts etc. über der Hose. Auch kleiden sie sich lieber eher luftig als zu warm und ziehen nicht gerne mehrere Schichten übereinander an. So ist es auch im

Winter für sie sehr schwierig, dicke Jacken, Mütze, Schal und Handschuhe zu ertragen.

- Auch Schlafanzüge sollten weit genug sein und aus weichem Material bestehen, da sonst die Einschlafphase zur Qual wird und unter Umständen ein Durchschlafen unmöglich ist. Die Beschaffenheit der Bettwäsche spielt manchmal ebenso eine Rolle: Frotteebettwäsche kann unangenehmer empfunden werden als Bettwäsche aus Mikrofaser oder Flanell.

Da auch das An- und Ausziehen immer mit Berührungen verbunden ist, bergen diese Situationen ein tägliches Stresspotential. Manchmal ist auch bei älteren Kindern ein wenig Hilfe durchaus legitim, damit die belastende Situation nicht zu lange dauert.

Spielmaterial

Spielzeug für Kinder, die taktile Reize suchen, sollte eher robust beschaffen sein. Bauklötze (z. B. aus Ästen gesägt), Bilderbücher mit festen Seiten, dicke Buntstifte, Brettspiele mit großen Figuren und Würfeln, Knete, große und fest verbindbare Bausteine, aber auch Ballbäder und Boxsäcke sind gut geeignet. Spielwaren mit vielen kleinen Teilen sind schwer zu „begreifen" und liefern immer wieder negative Erfahrungen. Da taktil suchende Kinder auch ständig nebenbei nach Reizen suchen, bietet sich im Kinderzimmer oder im Gruppenraum der Einrichtung z. B. eine Sockenschnur oder eine Stoffdusche an, die im täglichen Ablauf immer wieder genutzt werden können.

- Für die Sockenschnur werden dünne Socken oder Strümpfe mit unterschiedlichen Materialien (z. B. Reis, Erbsen, kleine Steine, Murmeln, Füllwatte, Stroh) gefüllt und an einer Schnur für die Kinder gut erreichbar festgeknotet.
- Eine Stoffdusche kann aus unterschiedlichen Stoffstreifen bestehen, die eine Ecke des Spielzimmers oder den Eingang zur Bauecke abtrennen. Beim Hindurchgehen erfährt das Kind an Gesicht, Armen und Händen immer wieder Anreize.

Um Stifthaltung und Druck beim Malen zu üben, kann ein ergonomischer Stifthalter hilfreich sein. Dieser wird über den Buntstift geschoben und hat drei praktische Griffmulden. So ist automatisch nur noch die richtige Stifthaltung möglich.
Erste Erfahrungen mit weichen Knetsubstanzen sind mit der „Geisterspucke" möglich:

- Dazu einen Tisch mit einem Wachstuch bedecken, ca. 3 Esslöffel Kartoffelmehl in die Mitte geben und mit wenig Wasser mischen (die Menge lässt sich beliebig variieren). Nun kann mit der Geisterspucke gespielt werden. Sie fühlt sich nicht so klebrig wie Kleister an und ist von der Konsistenz her recht angenehm. Aus der Kleidung kann sie nach dem Trocknen herausgebürstet werden.

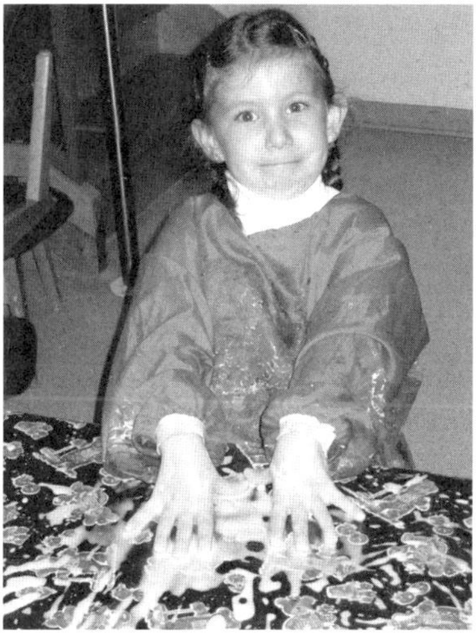

Kinder, die taktile Reize abweisen, lieben eher glatte Spielwaren ohne viele Ecken und Kanten. Oft können sie eher mit Puppen als mit Kuscheltieren etwas anfangen. Dabei ist ihnen auch Kleidung für die Puppen nicht unbedingt wichtig. Tastspiele sollten erst offen gespielt werden, so dass das Kind alle Oberflächen sehen kann.

Ganz allgemein gilt, wie eigentlich für alle Kinder: Zu viel Spielzeug führt zur Reizüberflutung und Überforderung. Außerdem signalisieren Kinder sehr schnell, welches Material ihnen unangenehm ist und welches nicht.

Waschen, Baden, Duschen, Eincremen, Zähne putzen

Jeder Tag beinhaltet Körperpflege, Waschen, Eincremen und Zähneputzen. Das kann manchmal eine Herausforderung für Eltern und Kinder darstellen. Besonders taktil abweisende Kinder haben dabei große Schwierigkeiten.

Um diesen vorzubeugen, muss man beim Waschen immer auf die Wassertemperatur und auf das Material der Waschlappen und Handtücher achten. Gesicht und Körper werden vorsichtig und mit wenig Druck gewaschen. Bei taktil suchenden Kindern hingegen darf richtig geschrubbt werden. Ein Ansporn für das Kind könnte eine Seife sein, deren Duft es sehr mag oder ein lustiger Waschlappen, der einer Figur ähnelt.

Besonders bei noch sehr kleinen Kindern kann das Zähneputzen zum täglichen Konflikt führen. Sie wollen nur selbst putzen oder den Mund nicht öffnen. Ein selbst erfundener Sprechreim, der mit einem A endet, weil dabei der Mund weit geöffnet wird, kann dabei helfen. Auch wenn Eltern oder Erzieher gleichzeitig mit dem Kind Zähne putzen, kann das zur Motivation dienen. Förderlich ist sicher auch eine Zahnbürste mit weichen Borsten, beim taktil suchenden Kind mit härteren Borsten.

Mit einem Spruch (z. B.: „Punkt, Punkt, Komma, Strich, fertig ist das Mondgesicht") lassen sich Kinder leichter das Gesicht eincremen. Möchten sie sich selbstständig den Körper einreiben, kann ein Spiel daraus entstehen. Zum Beispiel auf Anweisung eines anderen kann zuerst das linke Bein, die Stirn, die rechte Fußsohle, der Bauch etc. eingecremt werden.

An manchen Tagen wird gebadet oder geduscht. Viele Kinder mögen das Planschen in der Wanne oder den Wasserschwall aus dem Duschkopf. Das trifft jedoch nicht auf alle zu. Das Duschen stellt für taktil abweisende Kinder das größere Problem dar. Anfangs kommt der Duschstrahl sehr plötzlich oder teilweise zu hart. In der Badewanne können Spielsachen mehr motivieren. Mit einem selbst angefertigten Badeöl und Knete aus Seife oder anderen Wasserspielen lässt sich das Kind vielleicht sogar begeistern, ins Bad zu steigen. Auch hier wieder unbedingt auf die Wassertemperatur achten (etwa 38 bis 40 Grad).

Eine Puppe kann helfen, dass das Haarewaschen zum Rollenspiel wird. Erst werden die Haare der Puppe einshampooniert, dann die eigenen. Lustige Schaumfrisuren können entworfen werden, daran haben Kinder große Freude. Das Abspülen der Haare ist nur noch halb so schlimm, nachdem auch die Puppe das gut überstanden hat.

Ein weiteres Spiel ist mit einer wasserdichten Taschenlampe möglich. Im Dunkeln kann mit dieser das Wasser, der Körper und das Badezimmer neu entdeckt werden. Das Spiel: „Ich sehe was, was du nicht siehst", kann dabei integriert werden.

Mit all diesen Hilfsmitteln kann Baden spielerisch zu einem positiven Erlebnis werden.

Rituale

Für Kinder sind strukturierte Alltagsabläufe oft sehr wichtig, besonders wenn sie noch klein sind. Gewohnheiten und Rituale sind vertraut, beinhalten Regeln, können individuell gehandhabt werden und geben Sicherheit.

- **Aufräumen:** Wer gespielt hat, räumt auch auf. Dies kann auf vielerlei Arten spielerisch geschehen, wenn Protest ertönt. Zum Beispiel fährt der Zug vorbei und sammelt alle Bausteine ein.
- **Tischdecken**: Schon die Kleinsten können helfen, Gabeln, Löffel oder Untersetzer an den Tisch zu bringen. Dass jede gestellte Aufgabe nicht direkt funktioniert ist klar, aber Übung macht den Meister. Mit der Zeit lernen die Kinder, Teller, Besteck und Gläser zu

platzieren und das Kind kann selbstständig mit dieser Situation umgehen und seinen Beitrag im Haushalt leisten. Auch beim Abräumen des Tischs oder beim Geschirrspülen können Kinder helfen.

- **Zu Bett gehen:** Dabei können wunderschöne Rituale entstehen: Streicheln, Kuscheln, Geschichte vorlesen, müde kitzeln, vom Tag erzählen, Beten, gemeinsam „Gute-Nacht-Lieder“ singen etc.
- **Begrüßungssituationen:** Begrüßungssituationen mit Körperkontakt sind für die betroffenen Kinder sehr unangenehm. Darum müssen Eltern anderen Erwachsenen zu verstehen geben, dass Zurückweisung seitens der Kinder nicht aus Abneigung stattfindet und besser andere Begrüßungsrituale gefunden werden.

Es gibt genügend Situationen im Alltag, mit denen Kinder nicht einverstanden sind und rege diskutieren wollen, z. B. Anziehen, Zähne putzen, Essen etc. Da sind Geduld, Konsequenz, aber auch Fantasie sehr wichtig. Vielleicht lässt sich zu einem der genannten Punkte ein lustiges Spiel ableiten, das dann als Ritual im Tagesablauf immer wieder auftritt.

Je stiller du bist,
desto mehr kannst du hören.

Chinesisches Sprichwort

„Alles viel zu laut hier!"
Auditive Wahrnehmungsstörungen

Wie funktioniert die auditive Wahrnehmung?

Die auditive Wahrnehmung wird in den Hörsinn und den Gleichgewichtssinn unterteilt.
Das Organ für diese zwei Sinne ist das Ohr.
Dieses ist in mehrere Bereiche gegliedert:

- Das äußere Ohr,
- das Trommelfell,
- das Mittelohr und
- das Innenohr.

Diese werden benötigt, damit der Hörvorgang funktionieren kann.

Durch Geräusche, Töne, Stimmen etc. entstehen Schallwellen, die das äußere Ohr aufnimmt und das Trommelfell weiterleitet bis hin zum Mittelohr. Dort werden die Schallwellen verstärkt und erreichen das Innenohr. In der Hörschnecke des Innenohrs kommt es dann zur Schallempfindung. Das Hören ist also ein komplexer Vorgang, der intakte Hörzellen voraussetzt.

> Die Hörzellen wandeln die mechanischen Reize (durch den Schall erzeugte Bewegungen) in Nervensignale um.

Im Innenohr ist auch der Gleichgewichtssinn zu finden, der für das Drehbewegungsempfinden und das Lageempfinden des Kopfes verantwortlich ist.

Im Gegensatz zu anderen Sinnen ist der Hörsinn bei der Geburt schon sehr gut ausgebildet. Bereits der Fötus im Mutterleib erkennt die Stimme seiner Mutter.

Ein normal hörender Säugling erschrickt bei plötzlichen lauten Geräuschen, er horcht auf Stimmen und Töne, er wendet seinen Kopf zur Stimme der Mutter oder zum Geräusch der Rassel. Im Verlauf der Entwicklung können selbst ähnlich klingende Laute wie etwa b/p voneinander unterschieden werden.

Im Kleinkindalter lernen die Kinder sprechen – eine gute Hörfähigkeit ist eine wesentliche Voraussetzung dafür.

Das Richtungshören (z. B. Hören von Autos) ist zunächst noch eingeschränkt und reift erst im Alter von acht bis zehn Jahren.

Was deutet auf auditive Wahrnehmungsstörungen hin?

Die Symptomatik auditiver Wahrnehmungsstörungen ist vielfältig.

Oft fällt es den Kindern schwer zu lokalisieren, aus welcher Richtung ein Geräusch kommt.

Die Figur-Grund-Wahrnehmung ist gestört. Bei einer lauten Geräuschkulisse reagieren die Kinder gereizt, ziehen sich zurück oder halten sich sogar die Ohren zu. Ansprachen oder Anweisungen der Eltern oder Erzieherinnen in solch einer Situation werden nicht verstanden. Häufiges Nachfragen ist die Folge.

Die auditiv-visuelle Koordination ist nicht immer eindeutig, was bedeutet, dass das Kind Schwierigkeiten hat, Gehörtes einem bildhaften Gegenstand zuzuordnen.

Kinder mit auditiven Wahrnehmungsstörungen lassen sich leicht von akustischen Reizen ablenken, was die Erfüllung gestellter Aufgaben erschwert.

Es fällt ihnen schwer, sich altersgemäße Aufträge zu merken und sie können sie daher auch nicht entsprechend umsetzen. Fingerspiele oder Lieder können nur schwer behalten und nachgesprochen werden. Einfache kurze Reime können nicht fortgesetzt werden.

Defizite liegen auch im rhythmischen Bereich. Einen Rhythmus nachzuspielen oder nachzuklopfen oder einen Takt zu halten, bereitet große Schwierigkeiten.

Die Kinder haben meist eine „verwaschene“ Sprache. Sie sprechen oft undeutlich.

Laute in einem Wort zu lokalisieren, gelingt kaum. Anlaut (z. B. *Au*to), Inlaut (z. B. *Bau*m) und Auslaut (z. B. Fr*au*) können der Position nicht zugeordnet werden. Die Kinder haben Probleme, Wörter und Sätze grammatikalisch korrekt auszusprechen.

> Da die Sprache das bedeutungsvollste Ausdrucksmittel unserer Gesellschaft ist, werden meist die sprachlichen Defizite zuerst erkannt, bevor andere Symptome einer auditiven Wahrnehmungsstörung Beachtung finden.

Altersentsprechende Lieder und Reime können nicht weitergeführt werden. Lückenhafte Wörter und Sätze werden nicht vollendet.

Die Art und Weise, wie eine Frage ausgesprochen wird, erkennt das auditiv gestörte Kind nicht. Eine Satzmelodie, die Emotionen beinhaltet, wird nicht verstanden. Es ist nicht in der Lage, Gefühle wie z. B. traurig sein, zu begreifen, ohne dass es jemanden weinen sieht.

Organische Ursachen für auditive Wahrnehmungsstörungen können in der Schwangerschaft, während der Geburt oder danach liegen. Eine pränatale Ursache könnte z. B. eine Infektionskrankheit in der Schwangerschaft gewesen sein. Als perinatale Ursache würde man beispielsweise Sauerstoffmangel bei der Geburt bezeichnen. Als postnatale Ursache könnte man z. B. Hirnhautentzündung anführen. Hörschäden können auch genetisch bedingt sein.

Umweltbedingte Ursachen können aber ebenso Auslöser für auditive Wahrnehmungsstörungen sein. So können Kinder, die in einer geräuscharmen Umgebung aufwachsen, zwar auditive Reize wahrnehmen, aber schwer zuordnen. Wenn sie dann einer auditiv überflutenden Situation ausgesetzt werden, sind sie völlig überfordert.

Angebote zur Förderung der auditiven Wahrnehmung

Eigene Instrumente

Einfache Instrumente wie Trommeln, Tamburin, Schellenkranz, Klanghölzer oder Rasseln eignen sich gut für ein Hörtraining, aber natürlich auch zur unkomplizierten Lied- oder Textbegleitung. Sind die Instrumente selbst hergestellt, werden sie sicher noch selbstverständlicher genutzt.

Trommeln

Material: große Konservendosen; Dosenöffner, der den Deckel beim Abtrennen abrundet; stabile, größere Luftballons; breites Klebeband, Regenbogenpapier, Schere, Klebstoff

Durchführung: Ober- und Unterseite der Dose abtrennen. Vom Luftballon das Mundstück großzügig abschneiden. Den verbliebenen Ballon über die Dosenöffnung ziehen (das geht am besten zu zweit) und mit dem Klebeband festkleben. Mit dem Regenbogenpapier die Dose umkleben.

Achtung: Die Dosenränder müssen ganz glatt sein, damit die Luftballons nicht reißen. Beim Trommeln das Instrument zwischen die Knie klemmen und nicht auf den Boden stellen. So erklingt der Ton voller.

Schellenstab

Material: Rundholz, ca. 25 cm lang und mindestens 1 cm Durchmesser; Holzkugel, deren Lochdurchmesser in der Mitte dem Durchmesser des Rundholzes entspricht; 6 kleine Schellen mit Öse (Glöckchen), buntes Schleifenband, Heißkleber, Polsternagel oder Heftzwecke, Hammer, Schere, Holzmalstifte

Durchführung: Vom Schleifenband drei Bänder à 30 cm Länge zuschneiden. Jeweils ein Ende durch die Öse einer Schelle ziehen und verknoten. Die Mitte der Bänder sternförmig über die Spitze des Rundholzes legen und mit dem Polsternagel oder der Heftzwecke oben befestigen. In das Loch der Holzkugel Heißkleber geben und schnell auf die Spitze über die Bänder schieben, bis Polsternagel oder Heftzwecke oben den Abschluss bilden. Zum Schluss können der Stab und die Holzkugel mit den Stiften bemalt werden.

Rassel

Material: große Glühbirne, am besten von einem Strahler; Tapetenkleister, Wasser, weißes Seidenpapier, Bastelfarbe, farbloser Lack, Pinsel, evtl. kleiner Hammer

Durchführung: Kleister nach Packungsangabe anrühren. Seidenpapier in kleine Stücke reißen. Die Glühbirne mit zwei Schichten Kleister und Seidenpapier komplett inklusive der Fassung überziehen. Trocknen lassen. Den „Kopf" der Birne danach vorsichtig an eine Tischkante schlagen, um das Glas darin zu zerbrechen. Evtl. einen kleinen Hammer dazu nehmen. Falls dabei kleine Löcher entstehen, diese gut mit Tesafilm oder Gewebeband verschließen. Nun noch ein bis zwei Schichten Kleister und Papier darüberlegen. Nach dem Trocknen mit Bastelfarbe anmalen und lackieren.

Rhythmusshaker

Dieses schnell hergestellte Instrument, das durch verschiedene Füllungen unterschiedliche Geräusche erzeugt, lässt sich gut zur Unterstützung bei Sprechversen oder beim Aufteilen von Worten in Silben einsetzen. Es wird quer zwischen Daumen und Zeige- und Mittelfinger gehalten und leicht im Rhythmus auf und ab bewegt.

Material: kleine Fläschchen von Trinkjoghurts, Gewebeband, stabile Plastiktüte, Füllmaterial wie z. B. Reis, trockener Sand, kleine Steinchen, getrocknete Erbsen, Acrylfarbe und Pinsel oder Folienreste, Schere

Durchführung: Etwas Füllmaterial in das Fläschchen geben. Aus der Plastiktüte einen Kreis (Durchmesser ca. 1 cm größer als die Flaschenöffnung) ausschneiden, über die Öffnung legen und mit Gewebeband festkleben. Zum Schluss mit Acrylfarbe oder Folienresten verzieren.

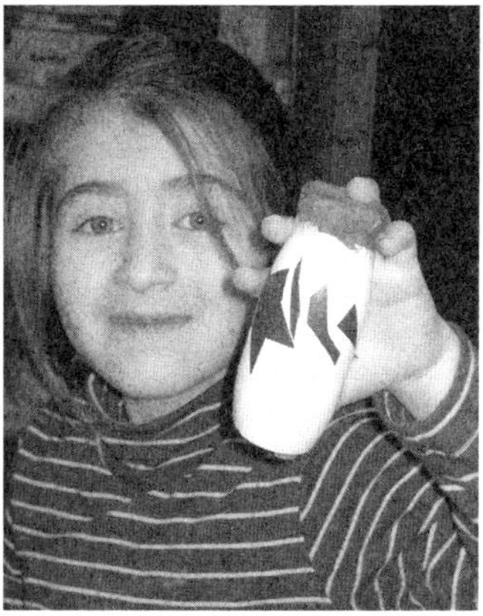

Einsatzmöglichkeiten der Instrumente:

In der Einzelsituation sind Instrumente ein gutes Fördermittel. Zu viele Klänge würden das Kind aber nur verwirren und ihm ein Filtern der Töne unmöglich machen.

- Die Spielleitung gibt einen kurzen Rhythmus vor, den das Kind wiederholen muss.
- Die Spielleitung gibt eine bestimmte Anzahl Anschläge (z. B. auf der Trommel) vor, die das Kind wiedergeben soll.
- Die Spielleitung klatscht einen einfachen Rhythmus mit den Händen, das Kind spielt ihn mit dem Instrument nach.
- Die Rhythmen oder Anschläge werden im Tempo oder in der Lautstärke variiert.
- Die Silben des eigenen Namens, die Namen der Freunde oder von Gegenständen werden gespielt.
- Das Kind schließt die Augen, so dass es keine optische Unterstützung mehr hat.
- Die Spielleitung spielt eine Taktfolge, das Kind soll sie mit wieder geöffneten Augen nachspielen.
- Das Kind schließt die Augen. Die Spielleitung bewegt sich zum Instrumentenspiel im Raum. Das Kind muss versuchen zu zeigen, wo sich die Spielleitung gerade befindet.
- Spielleitung und Kind spielen schnell immer im Wechsel einen Anschlag, erhöhen dann auf zwei oder drei Anschläge. Die Instrumente „unterhalten“ sich miteinander.

Malen nach Musik

Das Hören von Musik bietet viele akustische Anreize und kann auch zur Motivation für dieses Angebot dienen. Das auditiv wahrnehmungsgestörte Kind hat die Möglichkeit, in ruhiger Atmosphäre die Melodie in ihrer Vielfalt aufzunehmen und Gehörtes auf ein Blatt Papier zu bringen. Dabei wird die akustische Konzentration und Umsetzung in die Motorik ebenso gefördert wie die Fantasie.

Material: CD-Player, Musik-CD (geeignet ist klassische Musik, z. B. Vivaldi „Vier Jahreszeiten"), große Bögen Papier, Wachsmalstifte, Buntstifte

Vorbereitung: Die großen Papierbögen werden nach Anzahl der Kinder auf Staffeleien oder Tische verteilt. Das Kind soll während des Angebots im Stehen malen, da es so mehr Bewegungsfreiheit hat. Wachsmalstifte und/oder Buntstifte werden bereitgelegt. Musik wird ausgewählt. Man sollte darauf achten, dass die Melodie nicht zu monoton ist, sondern viele Klangfarben und unterschiedliche Rhythmen besitzt. Die Lautstärke kann nach Absprache mit den Kindern eingestellt werden.

Durchführung: Die Kinder stehen vor ihrem Blatt und haben einen Stift ihrer Wahl in der Hand. Beim Einsetzen der Musik sollen die Kinder malen, was sie hören. Hohe oder tiefe Töne, verschiedene Rhythmen, schnell oder langsam, laut oder leise etc. Um sich gut darauf konzentrieren zu können, sollte das Kind möglichst lange mit nur einem Stift malen und nicht ständig die Farben wechseln. Es sollte keine Nebengeräusche geben und nicht gesprochen werden. Die Spieldauer der Musik kann zu Anfang etwa fünf Minuten betragen. Je häufiger man diese Einheit wiederholt, desto länger kann die Melodie spielen.

Nachdem die letzten Töne verklungen sind, kann jedes Kind den anderen Kindern sein Blatt zeigen und erzählen, warum es was wie gemalt hat, warum es diese Farbe genommen hat, wie es ihm dabei ergangen ist etc. Manche Kinder werden vielleicht verwundert sein und das Gemalte als Kritzelei empfinden. Spaß macht es, gemeinsam herauszufinden, was das Bild darstellen könnte. Vielleicht sieht es aus wie eine Wolke, ein Feuer o. Ä.?

Hinweis: Möglicherweise fällt es den Kindern zunächst schwer, sich auf die Aufgabe einzulassen und sie wissen nicht, was von ihnen erwartet wird. Man könnte anfangs gemeinsam ein paar Takte des Liedes hören. Die Kinder werden dadurch ruhiger und nebenbei kann man ihnen anschaulich erklären, was sie tun sollen.

Malspiele

Dieses ganzheitliche Angebot fördert spielerisch die auditive Wahrnehmung und deren Umsetzung auf Papier. Durch mehrfache Wiederholungen lernt das Kind den Text verstehen und sprechen und wird zudem sicherer, Gehörtes zu malen. Feinmotorik, Vorstellungskraft, Konzentration und optische Differenzierung werden geschult.

Material: Papier, Malstifte in verschiedenen Farben

Durchführung: Jeder kennt die bekannten Malspiele wie „Das ist das Haus vom Nikolaus und nebenan vom Weihnachtsmann“ oder: „Punkt, Punkt, Komma, Strich! Fertig ist das Mondgesicht!“
Malspiele lassen sich leicht selbst erfinden. Hier werden einfache neue Zeichnungen aufgeführt, die Große und Kleine zum Mitmachen anregen.

Sonne

Kreis, Strich und noch viel mehr, eine Sonne malen, ist nicht schwer!

Einen Kreis malen, Sonnenstrahlen malen.

Blumenwiese

Wer bin ich wohl, das fragst du dich?
Habe Stiel,
Blätter
und ein Blütengesicht.
Mal das nach und du wirst sehn, gleich wird eine Blume vor dir stehen.

Einen Strich malen,
zwei Blätter malen,
die Blüte wird gemalt.

Evtl. Gras unterhalb der Blumen malen, um das Bild zu vollenden. Durch Wiederholen dieses Malreimes kann eine große bunte Blumenwiese entstehen.

Laterne

Linien, Linien, Linien – eine Hand voll, bitte sehr,

Fünf Linien von oben nach unten parallel zueinander mit etwas Abstand malen.

oben und unten Wellen wie das große weite Meer.

Striche mit einer wellenartigen Linie verbinden, oben und auch unten.

Auf einer Seite dann male einen Bogen dran.	Auf einer Seite einen Halbkreis von der oberen zur unteren Wellenlinie malen.
Zwischen die Linien, male viele kleine Sterne. Dreh das Blatt um: Siehst du die Laterne?	Ein paar kleine Sterne werden dazwischen gemalt, Blatt wenden.

Katz und Maus

Auf der Wiese läuft seit Stunden ein kleines Mäuslein seine Runden.	Rechtshänder malen am linken Blattrand während des Sprechens immer wieder die Kreisform, Linkshänder am rechten Blattrand.
Kommt die Katze dann, oh Schreck, läuft das Mäuslein ganz schnell weg.	Ganz schnell einen Strich zum gegenüberliegenden Blattrand ziehen.

Spiegelbild

Gerade, links, rechts, links rechts, rund,	Ein Strichmännchen malen.
Augen, Nase und auch Mund. Viele Haare, ziemlich wild, fertig ist mein Spiegelbild.	Gesicht malen, Haare an den Kopf zeichnen, Kreis oder Oval um das Männchen zeichnen

Fingerspiele

Fingerspiele sind für Kinder mit auditiven Wahrnehmungsstörungen gut geeignet, Sprache zu üben, Laute mit Worten in Verbindung zu bringen und angemessen darauf zu reagieren. Durch Mitmachen und Vormachen erhält der auditive Reiz die für diese Kinder wichtige visuelle Unterstützung. Anhand der Bewegungen, die das Kind ausführt, lässt sich unmittelbar erkennen, ob der Text richtig verstanden wurde.

Meine Finger

Der jeweils angesprochene Finger führt die erwähnte Bewegung aus.

Daumen, Daumen, dicker Mann,
tipp einmal die Schulter an.
Zeigefinger, stark und groß,
zeig, wo ist der Bauch denn bloß.
Mittelfinger, lang und schlank,
hüpf einmal mein Bein entlang.
Ringfinger, Ringfinger, hübsch und fein,
hakt euch gegenseitig ein.
Kleiner Finger, hier zum Schluss,
gib der Nase einen Kuss.

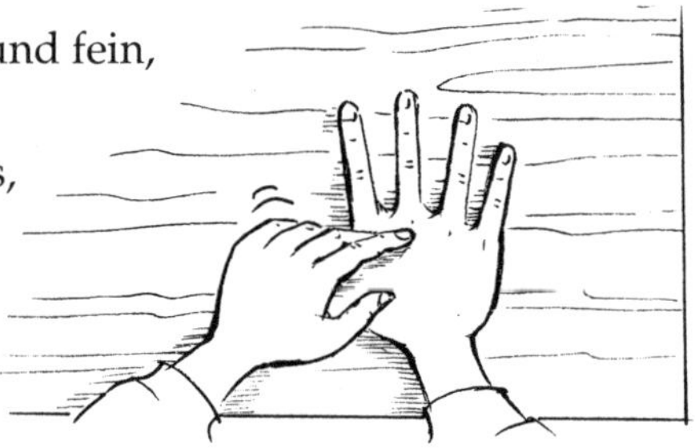

Die Flunder

Auf dem tiefen Meeresgrund, liegt die Flunder, platt und rund.	Eine Hand liegt flach auf dem Tisch.
Kommt ein kleiner Krebs daher und kitzelt unsre Flunder sehr.	Die andere Hand krabbelt heran und kitzelt die flache Hand.
Schnell schwimmt sie fort, in ein Versteck.	Hand verschwindet unter dem Tisch.

Der Krebs sucht lang, doch sie ist weg.	Die zweite Hand krabbelt suchend über den Tisch.
Rückwärts krabbelt er nach Haus. Da traut sich auch die Flunder raus.	Hand krabbelt rückwärts zur Tischkante. Hand kommt langsam hervor.
Sie legt sich wieder, platt und rund auf den tiefen Meeresgrund.	Die erste Hand liegt wieder flach auf dem Tisch.

Laut, leise, hoch, tief

Bei Fingerspielen wird besonders die Sprache in den verschiedensten Nuancen gefördert. Auch schon die Kleinsten sind fasziniert von diesem Spiel. Neben der Schulung der Wahrnehmung werden auch die Sprache, Feinmotorik und akustische Aufmerksamkeit gefördert und jede Menge Spaß ist garantiert.

Material: Ein Fingerspiel

Durchführung: Dieses Angebot kann man gut mit einer größeren Gruppe, beispielsweise im Stuhlkreis, durchführen. Es wird ein Fingerspiel eingeführt. Am Anfang kann es auch hilfreich sein, ein den Kindern bekanntes Fingerspiel zu wählen. Hier ein Beispiel:

Da oben auf dem Berge

Da oben auf dem Berge, eins zwei drei,	Der Finger zeigt hoch in die Luft.
da tanzen viele Zwerge, eins zwei drei.	Alle Finger bewegen sich hin und her.
Da unten auf der Wiese, eins zwei drei,	Der Finger zeigt nach unten.
da schläft ein großer Riese, ein zwei drei.	Hände zusammengefaltet ans Ohr.

- Zuerst wird das Fingerspiel in normaler Lautstärke gesprochen.
- Dann wird der Text leise geflüstert.
- Nun formt unser Mund nur die Wörter.
- Und wenn es dann ganz leise ist, dann schreien wir den Reim ganz laut.
- Das Fingerspiel kann in den höchsten Tönen gepiepst werden, wie eine Maus.
- Oder der Vers wird ganz tief gebrummt, wie ein alter Mann oder ein Bär.

Es können ganz viele Varianten erfunden werden, die Kinder haben bestimmt viele Ideen, wie man es noch lustiger gestalten kann.

Hinweis: Wichtig für das auditiv wahrnehmungsgestörte Kind ist: Es muss den Text gut verstehen und sprechen können, so dass es auch wirklich mitmachen und Spaß haben kann. Je mehr Wiederholungen, desto besser. Möglich ist auch, dass die Lautstärke, beispielsweise beim Schreien, das Kind überfordert. Dann sollte man das Fingerspiel in einer kleineren Gruppe durchführen.

Hör gut zu

Geräusche aufnehmen

In diesem Angebot werden Geräusche thematisiert, die im Alltag eigentlich untergehen. Bewusst werden Laute von Kindern erzeugt und aufgenommen. Durch das ständige Wiedergeben des Tonbandes kann sich das auditiv wahrnehmungsgestörte Kind die Geräusche besser einprägen oder diese immer wieder selbst entstehen lassen.

Material: Aufnahmegerät, dazugehöriges Mikrofon, Akku, Kassette, Küche mit Inventar

Durchführung: Mit einer kleinen Kindergruppe (maximal vier Kinder) wird beratschlagt, welche Geräusche man aufnehmen möchte.

Kinderstimmen aus der Gruppe, Geräusche aus der Küche, aus der Natur, Instrumente etc.

Wichtig ist, dass es beim Aufnehmen still ist im Raum und man nur das gewünschte Geräusch hört. Die Kinder bekommen die Aufgabe, wenn möglich, die verschiedenen Laute selbst zu erzeugen. Laute, leise, tiefe und hohe Geräusche lassen sich anfangs schneller und besser erkennen. Mit leichten Sachen beginnen und den Schwierigkeitsgrad steigern.

Beispiel: Geräusche aus der Küche

- Mit dem Schneebesen in der Schüssel rühren,
- die Eieruhr klingeln lassen,
- kochendes Wasser aufnehmen,
- einen Apfel durchschneiden,
- Töpfe ineinander stellen,
- Dunstabzugshaube an und wieder abstellen,
- den Backofen öffnen,
- Bleche herausnehmen und wieder schließen,
- Stühle am Esstisch rücken,
- Besteckschublade herausziehen,
- Geschirr auf das Abtropfgitter stellen,
- Cornflakes in eine Schüssel geben,
- ein Ei aufschlagen,
- Wasserhahn anmachen,
- das Geräusch eines Nudelholzes erzeugen,
- Mikrowelle einschalten.

Nach jedem aufgenommenen Geräusch muss eine kurze Pause entstehen, damit der Zuhörer nicht durcheinander kommt, wenn er die einzelnen Laute wahrnimmt.

Wenn das Tonband fertiggestellt ist, kann es in Ruhe angehört werden. Man kann es beispielsweise in einem Ratespiel verwenden.

Kindern, die nicht bei den Aufnahmen dabei waren, wird das Tonband vorgespielt. Ziel ist, die Geräusche zu erkennen.

Horchspiele mit dem Stethoskop

Ein Stethoskop ist ein ideales Instrument, um Geräusche und Klänge zu verstärken. Es besitzt einen hohen Aufforderungscharakter und weckt in den Kindern den „Forschergeist“. So findet auditive Förderung ganz nebenbei statt. Da die betroffenen Kinder allerdings auch oft geräuschempfindlich sind, ist eine behutsame Einführung nötig.

Als erstes wird der eigene Körper nach Geräuschen abgesucht:

- Den Herzschlag auf der Brust und den Pulsschlag am Handgelenk hören.

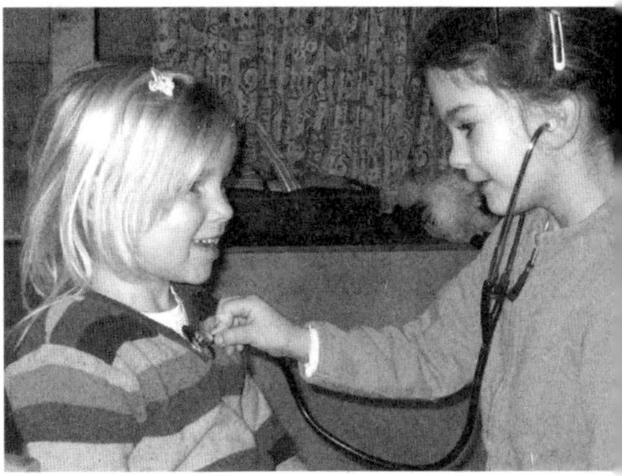

- Die Membran auf eine Wange legen und mit der Zunge schnalzen, mit den Zähnen klappern, die Zunge hin und her bewegen.
- Die Membran vorsichtig an den Kehlkopf halten und schlucken, summen, brummen, sprechen.
- Ausprobieren, ob man auch „Bauchgeräusche“ hören kann.
- Danach kann, natürlich mit Einverständnis, auch ein anderes Kind „untersucht“ werden.

Die Oberflächen von Gegenständen geben unterschiedliche Klänge wieder. Dies erfährt man, wenn man z. B.:

- mit der Membran ganz vorsichtig über einen Tisch, eine Decke, einen Polsterstuhl, eine Wand, Wellpappe, Schleifpapier, einen Schwamm, den Teppich oder eine Bürste streicht.
- Legt man die Membran auf einen Tisch und streicht mit unterschiedlichen Materialien über die Tischplatte oder klopft mit Fingerkuppe, Fingernagel oder Handballen darauf, macht der Tisch seine eigene Musik.

Achtung: Nicht laut in die Membran rufen oder das Stethoskop an starke Geräuschquellen halten!

Hörmemory

Dieses lebende Memory kann zu Anfang mit wenigen Mitspielern gespielt werden und bleibt durch Veränderung der Laute oder der Anzahl der Spieler lange interessant. Da keine Materialien benötigt werden, kann es überall und jederzeit gespielt werden.

Durchführung: Sechs Kinder verteilen sich im Raum. Ein siebtes Kind ist der Rater. Es verlässt den Raum oder entfernt sich etwas und dreht sich um. Jeweils zwei Kinder bekommen die gleiche „Tierstimme“ zugeordnet. Nun kommt der Rater wieder hinzu. Er tippt die Kinder nacheinander an und das jeweilige Kind lässt kurz seinen Tierlaut hören. Hat der Rater zwei gleiche Tierlaute gefunden, stellt er die beiden Kinder als Paare zusammen.

Anstelle von Tierlauten können die Kinder z. B. Namen von Farben, Blumen oder Körperteilen, Begriffe aus dem Kindergarten, aus Küche, Bad oder Wohnzimmer nennen.

Kinder mit viel Übung und Erfahrung im Hörmemory können versuchen, die passenden Paare zu finden, wenn alle Mitspieler gleichzeitig ihre Begriffe rufen.

Wortspiele

Reimspiel

Dieses auditive Angebot arbeitet feine kleine Unterschiede von Lauten und Wörtern und deren Bedeutung heraus. Die spielerischen Wiederholungen helfen dem Kind, sich sprachlich korrekt auszudrücken. Dabei werden auch Konzentration, Merkfähigkeit und Reaktionsvermögen gefördert.

Material: Kopiervorlage Seite 95, Papier, Pappe, Folie, Schere, Klebstoff

Vorbereitung: Die Vorlage vergrößert kopieren (141%), die 20 Karten ausschneiden, auf Pappe kleben und mit Folie einbinden. So sind die Karten geschützter.

Durchführung: Zunächst liegen die Karten aufgedeckt auf dem Tisch. Ziel des Spieles ist es, Paare zu finden. Es gilt, Karten zu entdecken, die einen Gegenstand abbilden, der sich mit einem anderen reimt, wie z. B. Maus – Haus oder Fisch – Tisch. Es ist sehr wichtig, auf eine genaue Aussprache zu achten, da die Wörter sehr ähnlich sind.

Wenn das Spiel neu ist, empfiehlt es sich, es gemeinsam mit den Kindern erst einmal zu erarbeiten und zu besprechen, was zusammenpasst.

Weitere Spielmöglichkeiten:

- Die Karten aufgedeckt auf den Tisch legen, nacheinander sucht jedes Kind Pärchen zusammen.
- Das Reimspiel wie ein Memory spielen. Karten mischen und mit den Bildern nach unten auf dem Tisch verteilen. Es werden zwei Karten aufgedeckt. Wenn die beiden Gegenstände, die zu sehen sind, sich reimen, hat man ein Paar gefunden. Wenn nicht, dreht man die Karten wieder um und der nächste ist an der Reihe. Hat man zwei zueinander gehörende Karten gefunden, darf man nochmals raten, wo das nächste Pärchen liegen könnte. Gewonnen hat derjenige, der die meisten Paare hat.
- Eine dritte Version: Die Karten liegen verdeckt auf dem Tisch. Nun werden zwei Karten mit dem Bild nach oben gedreht und offen liegengelassen. Der nächste ist an der Reihe und macht das Gleiche. Wenn eine Karte aufgedeckt wird, die sich mit einer anderen reimt und die schon offenliegt, muss man so schnell wie möglich mit der Hand auf die Karte klatschen, die als erste offen dalag. Man nennt diese Version „Klatschmemory". Wichtig: Egal, wer gerade an der Reihe ist, jeder darf auf die Karten klatschen, wenn er meint, ein Pärchen gefunden zu haben. Es muss aber immer die zuerst aufgedeckte Karte der beiden sein. Wer die meisten Paare hat, ist der Sieger des Spiels.

Hinweis: Die Kinder sollten jeweils den Gegenstand laut benennen, damit auch eine sprachliche Förderung stattfinden kann.

Buch

Anlautspiel

Bei diesem Spiel werden Paare mit gleichem Anlaut gesucht. Sie können die dazugehörige Kopiervorlage auf der Seite 97 unterschiedlich nutzen:

Material: Kopiervorlage S. 97, Papier, Pappe, Folie, Klebstoff, Schere

Durchführung:

- *Möglichkeit 1:* Die Seite vergrößert kopieren (141 %), Karten einzeln ausschneiden, auf Pappe kleben und mit Folie überziehen. So können die Kinder die zusammengehörenden Paare immer nebeneinanderlegen. Geübte Kinder können das Spiel auch als Memory einsetzen.
- *Möglichkeit 2:* Die Seite mehrfach vergrößert kopieren (141 %). Jedes Kind bekommt den ganzen Bogen und muss die jeweiligen Paare mit der gleichen Farbe umranden.

Hinweis: Wichtig ist, dass die Anlaute als einzelne Laute gesprochen werden und nicht als Lautkombination (S nicht ES, L nicht EL, B nicht BE, K nicht KA usw.).

Mitmachgeschichten

Bei Mitmachgeschichten wird auf bestimmte „Reizworte" mit vorher festgelegten Bewegungen reagiert. Je nach Alter der Kinder und Grad der Störung müssen die Geschichten in ihrem Schwierigkeitsgrad variieren. Sie können so lange eingesetzt werden, bis die Kinder signalisieren, dass sie die Geschichte nicht mehr interessiert oder sie die Bewegungen sogar schon vorwegnehmen. Die ersten Geschichten sollten auf den Erfahrungen der Kinder basieren und nicht zu viele und zu schnell aufeinander folgende Aktionen enthalten. Mitmachgeschichten sind für alle Kinder interessant und lassen sich gut im Stuhlkreis, aber auch im Bewegungsbereich einsetzen. Kinder mit auditiven Wahrnehmungsstörungen sind allerdings hierbei in einer größeren Gruppe überfordert und evtl. auch schnell frustriert. Da die Geschichten aber trotzdem eine gute Fördermöglichkeit sind, sollten die betroffenen Kinder die Möglichkeit erhalten, sie schon vorher in einer Einzel- oder Kleingruppensituation kennenzulernen. Hier kann man auf die Defizite der Kinder gezielter eingehen, Sätze wiederholen, Erklärungen einflechten oder durch eigenes Mittun Hinweise geben. An den Reaktionen des Kindes kann zudem gut abgelesen werden, welche Wortverbindungen, Anweisungen oder Zusammenhänge nicht erfasst werden oder Schwierigkeiten bereiten.

Mein Kuscheltier

Einfache Mitmachgeschichte

Immer, wenn der „Bär" erwähnt wird, stellen die Kinder pantomimisch „Kuscheln" dar, in dem sie sich z. B. selbst umarmen und etwas hin- und herwiegen. Der Bär kann durch andere Lieblingstiere beliebig ersetzt werden.

Mein allerliebstes Kuscheltier ist mein brauner Bär. *Überall, wo ich hingehe, nehme ich ihn mit. Mein* Bär *kommt mit in den Kindergarten, mein* Bär *geht mit mir auf den Spielplatz, mein* Bär *begleitet mich zu Oma und Opa. Er hat ein ganz weiches Fell und lustige braune Augen. Wenn ich Angst habe, drücke ich meinen* Bären *ganz fest an mich und wenn ich traurig bin, tröstet er mich. Mein* Bär *sitzt neben mir beim Essen und schaut mir vom Rand der Wanne beim Baden zu. Am Schönsten aber ist es, wenn mein* Bär *und ich uns abends in mein Bett kuscheln. Dann fühlen wir uns so wohl, dass wir ganz schnell einschlafen – manchmal zuerst mein* Bär, *manchmal zuerst ich. Hast Du auch einen* Bären *zum Kuscheln?*

Die lustige Kindergartengeschichte

Etwas schwieriger, mit mehr Aktion

Beim Erzählen dieser Mitmachgeschichte führen die Kinder immer die beschriebenen Aktivitäten aus.

Wie an jedem Morgen freute ich mich schon darauf, im Kindergarten wieder mit meinen Freunden spielen zu können. Wir wollten an unserer großen Burg im Sandkasten weiterbauen und weil wir alle gute Laune hatten, waren wir dabei ziemlich albern. Als wir die Eimer und Schaufeln aus dem Spielzeugschuppen holten, watschelten *wir dabei* wie die Enten. *Beim Aufschaufeln des Sandes erzählten wir uns Witze, so dass wir uns* den Bauch vor lachen halten *mussten. Trotzdem wurde unsere Burg immer größer und als sie fertig war,* führten *wir vor Freude einen* Tanz auf. *Danach mussten wir uns erst einmal stärken.* Laut schmatzend *aßen wir unsere Butterbrote und* schlürfend *tranken wir den Kakao. Mit frischer Energie holten wir uns dann die Verkleidungskiste hervor. Mit Tüchern und Laken verwandelten wir uns in Gespenster und* erschreckten heulend *die anderen Kinder. Anschließend blieb uns nur noch Zeit, etwas zu malen, bis der Vormittag zu Ende war. Als unsere Mütter uns abholten, liefen wir mit lautem* Indianergeschrei *aus dem Kindergarten.*

Die tierische Bauernhofgeschichte

Für ältere Kinder, erfordert und fördert Konzentration

In dieser Geschichte werden von den Kindern die Tiergeräusche nachgeahmt, sobald die jeweiligen Tiere erwähnt werden.

Auf dem Bauernhof hatten die Tiere den Wecker von Hahn Hannes *versteckt, weil sie nicht mehr jeden morgen so früh von ihm geweckt werden wollten. Der stand nämlich immer schon um 5 Uhr auf dem Misthaufen und machte einen schrecklichen Lärm. Die* Hennen Herta und Helga *fielen jedes Mal vor Schreck fast von ihrer Stange und die* Katze Katinka *verschwand ängstlich hinter der Scheune. Als nun der Wecker nicht mehr da war, verschlief* Hahn Hannes *natürlich prompt und alle anderen Tiere genossen das lange Ausschlafen.* Die Ferkel Fritz und Ferdi *kuschelten sich gemütlich an die* Sau Susi, *der* Hund Hasso *döste weiter in seiner Hütte und die* Ziege Zilli *reckte und streckte sich noch einmal genüsslich. Nur die* Kuh Karola *wurde langsam nervös. Sie trippelte von einem Bein auf das andere und wartete ungeduldig, dass der Bauer zum Melken kam. Aber auch Bauer Berthold schlief noch tief und fest. Als die* Kuh Karola *es nicht mehr aushalten konnte, trabte sie aus dem Stall, stellte sich auf den Misthaufen und machte einen fürchterlichen Radau.* Hahn Hannes *kam um die Ecke gerannt und schaute sich verwirrt um. Bauer Berthold erschien im Schlafanzug und stolperte über die* Katze Katinka. *Die* Sau Susi *drehte sich erschrocken um und zerquetschte fast die* Ferkel Fritz und Ferdi. *Die* Hennen Herta und Helga *fielen wirklich von der Stange, landeten in ihren Nestern und zerdrückten die Eier, die sie am Vortag gelegt hatten. Der* Hund Hasso *verhedderte sich fast in seiner Hundleine und die* Ziege Zilli *verschluckte sich ganz*

fürchterlich. So unsanft aus dem Schlaf gerissen zu werden, gefiel den Tieren natürlich auch nicht und so beschlossen sie, dem Hahn Hannes seinen Wecker wiederzugeben.

Unsinnsgeschichte

Für „Fortgeschrittene“

Bei dieser Geschichte sind die Bewegungen nicht aus dem Text abzuleiten. Immer wenn ein Kleidungsstück erwähnt wird, springen die Kinder auf, drehen sich einmal um sich selbst und rufen: „Oh, oh, oh!“

Als ich heute Morgen aufwachte, zog ich zuerst meinen Schlafanzug *an. Dann stand ich auf und ging in die Küche. Dort knieten schon mein Vater, meine Mutter und meine Schwester am Frühstückstisch. Alle hatten sich schick gemacht. Vater trug einen* gepunkteten Rock, *Mutter hatte ihren besten* Bademantel *an und meine Schwester hatte eine* Badehaube *auf dem Kopf. Ich machte mir auch etwas zu essen und goss mir kalte Milch in meine Tasse. Dabei kleckerte ich auf meine* Schlafanzughose. *Ich lief schnell in den Keller und zog mich um. Zum Glück hatte ich noch eine saubere* Strampelhose *im Schrank. Nun konnte es losgehen. Vater setzte einen* Strohhut *auf und ging zur Arbeit. Meine Schwester zog ihren* Sportanzug *an und lief zur Schule. Ich zog meine* Regenjacke *über, da die Sonne so stark schien. Mutter schlüpfte in ihre* Gummistiefel *und brachte mich in den Kindergarten. An der Tür trafen wir schon Sven in seiner neuen* Badehose *und Anne, die heute auf allen Vieren lief. Die Erzieherin hatte ihr bestes* Nachthemd *an und begrüßte uns fröhlich. Sie sagte: „Das wird heute bestimmt ein lustiger Tag“!*

Rotkäppchen

Dieses Angebot kann zu einem großen Projekt werden, da es sehr viel Zeit in Anspruch nimmt. Das auditiv wahrnehmungsgestörte Kind hat die Möglichkeit, in einer kleinen Gruppe in eine Rolle zu schlüpfen, in der es Gehörtes in Sprache und Handlung umsetzen und zum Ausdruck bringen kann. Konzentration, Merkfähigkeit und soziale Kompetenz werden ebenfalls dabei geschult.

Material: Das Märchen „Rotkäppchen" der Gebrüder Grimm, Requisiten (Kleidungsstücke zum Verkleiden, Korb, Brille für die Großmutter, rote Mütze usw.)

Durchführung: Das Märchen von Rotkäppchen wird in einer kleinen Gruppe vorgelesen. In manchen Märchenbüchern sind Bilder abgebildet, die den Kindern helfen, sich in die Geschichte einzufinden. Dies ist besonders sinnvoll für Kinder, die eine auditive Wahrnehmungsstörung haben. Auch das wiederholte Erzählen ist sehr wichtig, damit die Kinder wirklich verstehen, wovon die Geschichte handelt. Besonders die wörtliche Rede der Figuren lieben Kinder, wie

etwa abgekürzt: „Liebes Rotkäppchen, bring eine Flasche Wein und einen Kuchen zur Großmutter. Sie ist krank und schwach und wird sich sehr darüber freuen. Pass auf dich auf und komm nicht vom Weg ab." Dies hilft den Kindern, in eine Rolle hineinzuschlüpfen.

Jeder Text der verschiedenen Figuren wird gemeinsam erarbeitet. Dann werden die Rollen verteilt: Rotkäppchen, Mutter, Wolf, Großmutter und Jäger.

Hilfreich ist es für die Kinder, wenn ein Erwachsener das Märchen erzählt und somit Einsätze für die Schauspieler gibt. Mit der Zeit werden die Kinder wahrscheinlich aber keinen Erzähler mehr brauchen.

Nun steht das Verkleiden an. Jeder überlegt, wie es sich am besten zu seiner Rolle verkleiden kann, z. B. eine rote Mütze, ein Kleid und einen Korb für Rotkäppchen, eine Schürze und eine Kuchenform für die Mutter etc. Oft haben die Kinder sehr viel Spaß daran und unterstützen sich gegenseitig dabei.

Nun kann die Vorführung beginnen.

Dieses Angebot kann auch weitergeführt werden. Die Rollen können getauscht werden. Die Kinder können gemeinsam ein Rotkäppchen-Bilderbuch malen, indem jeder ein Bild dazu beiträgt. Möglich ist auch, dass dieses Märchen mit selbst gestalteten Theaterpuppen gespielt wird. Das Bühnenfenster schneidet man dazu aus einem großen Karton heraus.

Die kleine Raupe Nimmersatt

Dieses auditive Angebot eignet sich zur Förderung in einer kleinen Gruppe. Das auditiv wahrnehmungsgestörte Kind lernt eine Geschichte kennen, sie verstehen und in ein Rollenspiel umzusetzen. Dabei wird nicht nur die akustische Konzentration, sondern auch Fantasie und Körperbeherrschung geschult.

Material: Buch „Die Raupe Nimmersatt" von Eric Carle, Chiffontücher (zwei pro Kind), CD-Player, Klassische Musik (z. B. „Vier Jahreszeiten" von Vivaldi)

Durchführung: Dieses Angebot ist für eine Gruppe von etwa acht Kinder geeignet. Die Gruppe darf nicht zu groß sein, da die Geräuschkulisse durch zu viele Kinder zu laut wäre und das auditiv wahrnehmungsgestörte Kind größere Probleme hätte.

Die Kinder sitzen im Halbkreis. Das Buch „Die kleine Raupe Nimmersatt" wird vorgestellt und gemeinsam mit den Kindern erarbeitet. Wichtig dabei ist, dass alle wirklich verstanden haben, worum es in dieser Geschichte geht. Oft besteht nämlich die Gefahr, dass Kinder mit Problemen im auditiven Bereich die anderen Kinder nur nachahmen.

Nun wird den Kindern erklärt, dass sie selbst diese kleine Raupe spielen sollen, während das Buch ein weiteres Mal vorgelesen oder erzählt wird. Hilfreich sind kleine Warm-up's, damit die Kinder sich leichter in die Figur einfinden können:

- Sich ganz klein machen,
- durch den Raum kriechen,
- sich vorstellen, wie sich die Raupe durch ein Stück Wurst frisst,
- sich in einen Kokon zusammenrollen
- und dann wie ein Schmetterling umherflattern.

Nun kann sich jedes Kind zwei Chiffontücher nehmen. Diese werden zusammengeknüllt und in jeder Hand versteckt. Sie werden später als Flügel benutzt, wenn aus der Raupe ein wunderschöner Schmetterling geworden ist. Die Kinder verteilen sich im Raum.

Die CD wird eingelegt. Es sollte darauf geachtet werden, dass die Melodie zur Stimmung der beschriebenen Situationen passt. Die Musik soll die Kinder in ihrer Darstellung als Raupe unterstützen. Die Geschichte beginnt und die Kinder schlüpfen in ihre Rolle. Sobald die Raupe zum Schmetterling geworden ist, tanzen die Kinder mit ausgebreiteten Armen, in jeder Hand ein flatterndes Chiffontuch, zur Melodie.

Hinweis: Möchte man die Geschichte vertiefen, eignen sich weitere Angebote, z. B. Schmetterlinge malen, Flügel basteln, ein Besuch im Naturkundemuseum etc.

Wasserspaß

„Im Schwimmbad"

Das auditiv wahrnehmungsgestörte Kind lernt durch verschiedene Instrumente unterschiedliche Rhythmen zu erzeugen und deren Bedeutung verstehen. Bewegung, Spiel und Material tragen dazu bei, dass aus einer Fördereinheit „nasser" Spaß wird.

Material: Klangstäbe, Trommel, Rassel, Weichbodenmatte, Turnkasten, Bank, Matten, Trillerpfeife, Decke

Hinweis: Dieses Angebot sollte man höchstens für sechs Kinder in einer Gruppe anbieten, da der Geräuschpegel in der Turnhalle immer größer ist. Bei einer zu großen Gruppe besteht die Gefahr, dass das auditiv wahrnehmungsgestörte Kind mit der Verarbeitung und Zuordnung unterschiedlicher Geräusche überfordert sein könnte.

Durchführung: Zu Beginn sitzt die Gruppe im Kreis. Die Instrumente werden vorgestellt, d. h. jedes Kind darf ein kurzes Konzert mit einem von ihm gewählten Tonwerkzeug geben.

- Mit den Klangstäben wird ein kurzer Rhythmus gespielt, z. B.
  - – - – (kurz, lang, kurz, lang)
  Die Kinder sollen den Takt mit den Händen mehrere Male nachklatschen.
- Mit der Trommel wird ein leichter Rhythmus geschlagen, z. B.
  – – - - (lang, lang, kurz, kurz)
  Auch dieser Takt wird von den Kindern mehrmals geklatscht.
- Mit der Rassel wird ein neuer Rhythmus gespielt, z. B.
  – - - – (lang, kurz, kurz, lang)
  Auch dieser Takt wird von den Kindern öfters nachgeklatscht.

Nun soll Bewegung ins Spiel gebracht werden. In der Turnhalle liegt eine große Weichbodenmatte. Diese stellt ein Schwimmbad dar.

- Erklingt der Klangstäbe-Rhythmus, haben die Kinder die Aufgabe, um das Schwimmbecken herum zu laufen. Ein Turnkasten wird zum Sprungbrett umfunktioniert und an das Schwimmbad gestellt.
- Der Trommel-Rhythmus gibt an, dass von nun an gesprungen werden darf.
- Die Trillerpfeife ertönt. Dies soll bedeuten: Raus aus dem Wasser und auf die Decke! Diese liegt bereit und dient zum Verschnaufen.
- Gemeinsam mit den Kindern wird die Wasserrutsche angebracht: An der Sprossenwand wird eine Bank eingehängt. Das andere Ende der Bank liegt direkt in unserem Schwimmbecken. Der Boden unter der Bank wird mit Matten ausgelegt. Wenn der Rassel-Rhythmus ertönt, ist Rutschen angesagt.

Die Rhythmen sollten nun mehrere Male wiederholt werden, damit sich die Kinder diese auch gut einprägen können.

Um den Schwierigkeitsgrad zu erhöhen, werden die verschiedenen Takte nur noch auf einem Instrument gespielt. Wer sich zuvor gemerkt hat, was die einzelnen Instrumente für eine Bedeutung haben, wird jetzt noch mehr die Ohren spitzen.

Mit Hilfe des Spielleiters kann auch ein Kind die Rhythmen nachspielen.

Die Kinder haben bestimmt noch mehr Ideen, wie man dieses Schwimmbaderlebnis erweitern kann.

Spiele für den Stuhlkreis

Bei Stuhlkreisspielen mit vielen Erklärungen, langen Texten oder lauten Geräuschen sind auditiv wahrnehmungsgestörte Kinder meistens überfordert und stoßen an ihre Grenzen. Als Reaktion darauf ziehen sie sich häufig zurück, weinen oder werden aggressiv. Auch Situationen, in denen viele Kinder gleichzeitig sprechen und evtl. noch unruhig auf ihren Stühlen zappeln, können diese Kinder schwer ertragen. Auffällig ist allerdings, dass sie oft selber in anderen Spielsituationen die Lautesten sind.

Geeignet sind Spiele oder Singspiele mit kurzen Texten, wiederkehrenden Refrains und begleitenden Gesten oder Bewegungen.

Orchesterprobe

Material: Pappkärtchen, ca. 10 x 15 cm (in der Anzahl der Gruppenstärke), Locher, Wollreste, Schere, selbstklebende Folie, Buntstifte, Eieruhr

Vorbereitung: Auf die Karten werden Körperteile gemalt, mit denen man Geräusche erzeugen kann, z. B. Mund, Hände, Füße, Hand und Bein, Hand und Wange. Von jedem Motiv sollten vier bis fünf Karten vorhanden sein. Der besseren Haltbarkeit wegen die Karten mit Folie überziehen. Anschließend lochen, einen ca. 60 cm langen Wollfaden durchziehen und verknoten. Von jedem Motiv eine Karte ohne Loch und Band zurücklassen.

Durchführung: Alle Kinder hängen sich eine Karte um. Ein Kind ist der Dirigent und bekommt die ungelochten Karten. Er stellt sich vor seine Orchesterrunde und hält eine Karte hoch. Die betreffenden Kinder machen nun mit dem angezeigten Körperteil(en) Geräusche: trampeln, klatschen, singen, auf das Bein (die Wange) klopfen. Der Dirigent kann die Geschwindigkeit und den Takt dirigieren oder die Lautstärke durch Ausbreiten und Zusammenführen der Arme bestimmen. Er kann nach Belieben die Karten wechseln oder das gesamte Orchester spielen lassen.

Damit mehrere Kinder als Dirigenten an die Reihe kommen, kann man eine Eieruhr nach ca. 1,5 Minuten klingeln lassen.

Personenraten

Ein Kind im Kreis dreht sich um oder lässt sich die Augen verbinden. Es wird leise von anderen Kindern gerufen und muss deren Namen erraten. Als schwierigere Variation können die Kinder die Stimme verstellen oder Tierlaute nachahmen.

Richtungsraten

Ein Kind hockt sich in die Kreismitte, hält sich die Augen zu oder lässt sie sich verbinden. Nach und nach klatscht oder trampelt ein anderes Kind. Das Kind in der Mitte muss jeweils die Richtung anzeigen, aus der das Geräusch kam.

Hör-Kim

In der Mitte des Kreises liegen vier bis fünf einfache, gut zu unterscheidende Instrumente, z. B. Triangel, Schellenkranz, Tamburin, Rassel, Klanghölzer. Alle Instrumente werden vorgestellt. Anschließend dreht sich ein Kind um. Als einfache Version wird nun ein Instrument angespielt und muss vom Kind erraten werden. In der schwierigeren Version werden alle Instrumente bis auf eines angespielt und das Kind muss das Fehlende erraten.

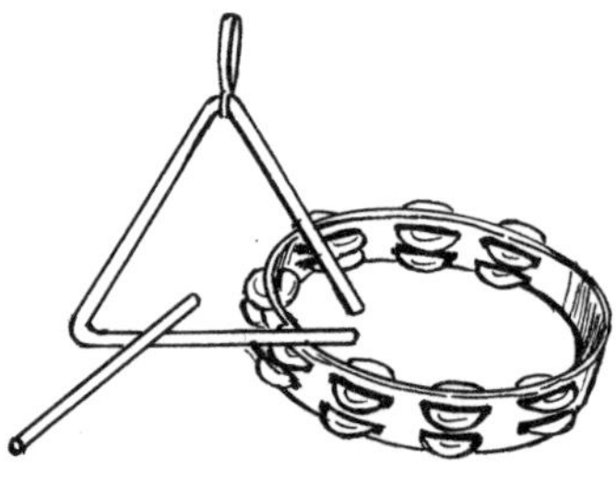

Lieder in Bewegung

Liedtexte zu behalten und mitzusingen ist für auditiv beeinträchtigte Kinder problematisch. Vor allem schnelle Melodien und unbekannte Begriffe sind kaum zu bewältigen. Zur Liedeinführung eignen sich deshalb einfache Texte mit leichten Melodiefolgen und eventuell einprägsamen Refrains. Bewegungen oder visuelle Hilfsmittel wie Bildkarten können das Erlernen unterstützen. Diese Bewegungen können mit den Kindern gemeinsam überlegt werden. Dabei kommt es nicht darauf an, jedes Wort mit einer Geste zu belegen, sondern prägnante „Höhepunkte“ zu setzen. Wichtig ist, dass in allen Liedern gleiche Worte mit den gleichen Bewegungen kombiniert werden.

Es bietet sich an, Lieder, die oft im Kindergarten gesungen werden, mit Bewegungen und Gesten einzuführen. So können die betroffenen Kinder schneller im Gruppenalltag mithalten.

Geburtstagslied

(Melodie: Dort oben auf dem Berge)

Ein Jahr ist vergangen,	Daumen hoch,
Geburtstag ist heut.	Richtung Geburtstagskind
Darauf haben wir uns schon lange gefreut.	Händeschütteln andeuten, Arme in die Luft strecken.
Refrain:	
Wir gratulieren, klatschen Applaus.	Klatschen,
Wir gratulieren und stampfen laut.	stampfen.
(6) Jahre wird (Lukas), Applaus und „Hurra“.	Anzahl der Jahre mit den Fingern zeigen.
Wir Gäste sind alle natürlich schon da.	Eine Handbewegung in die Runde.

Refrain:	
Wir gratulieren, klatschen Applaus.	Klatschen,
Wir gratulieren und stampfen laut.	stampfen.
Es wird heut gefeiert, gesungen, gelacht,	Im Kreis drehen,
dem (Lukas) ein lustiges Ständchen gebracht.	auf das Geburtstagskind zeigen.
Refrain:	
Wir gratulieren, klatschen Applaus.	Klatschen,
Wir gratulieren und stampfen laut.	stampfen.
Wir wünschen viel Spaß dir und bleib schön gesund,	Hand auf das Herz legen,
das hoffen wir Kinder und Katze und Hund.	ein Kind miaut, ein Kind bellt zum Schluss.
Refrain:	
Wir gratulieren, klatschen Applaus.	Klatschen,
Wir gratulieren und stampfen laut.	stampfen.

Auditive Wahrnehmungsförderung in Alltagssituationen

Gezielte Angebote sind unterstützend, haben aber im Alltag keinen Platz, denken sich vielleicht viele Erzieherinnen und Eltern. Aber wir hören den ganzen Tag Geräusche, wir müssen ihnen nur ein bisschen Stille einräumen und Beachtung schenken. Hier ein paar Anregungen:

Beim Spaziergang

Draußen gibt es viele Geräusche. Dem Kind kann geholfen werden, wenn es auf verschiedene Laute aufmerksam gemacht wird, z. B. Vogelgezwitscher, Wind, das Heranfahren eines Autos etc.

Bei den Mahlzeiten

Vor oder nach dem Essen kann eine kleine Tischmusik eingeführt werden. Es wird gemeinsam mit den Fingerkuppen auf den Tisch getrommelt, mit den Fäusten geklopft, mit den Fingern gestrichen, mit den Nägeln gekratzt etc. Durch Erzeugen verschiedener eigener Geräusche wird die auditive Wahrnehmung gefördert.

Während des Autofahrens

Eine dem Kind bekannte Lieder-CD oder Lieder-Kassette kann zwischendurch immer einmal wieder gestoppt werden. Das Kind hat die Aufgabe, den Text des Liedes ergänzend zu singen.

Im Auto aber auch an anderen Orten jederzeit einsetzbar ist das Spiel: „Ich sehe was, was du nicht siehst und es fängt mit (A) an".

Allgemein lässt sich sagen, dass besonders Gespräche untereinander schon viel bewirken können. Dies erfordert überhaupt kein Material, nur Aufmerksamkeit von beiden Gesprächspartnern.

Zusätzliche Aktionen:

Geräuschmemory

Man füllt Filmdosen (im Fotofachgeschäft zu bekommen) mit verschiedenen Materialien wie Reis, Bohnen, Wasser, Kugeln, Kieselsteine, Sand etc. in jeweils zwei Dosen und kennzeichnet die Paare auf dem Dosenboden mit jeweils der gleichen Farbe. Danach werden die Dosen untereinander gemischt und es wird Memory damit gespielt. Es dürfen immer zwei Dosen geschüttelt werden. Das gleiche Geräusch muss gefunden werden. Zur Absicherung dienen die jeweils identischen Farben auf dem Dosenboden.

Ball mit Kugel

Solche Kugelbälle sind oft beim Babyspielzeug zu finden. Damit kann man das Richtungshören fördern. Das Kind schließt die Augen oder bekommt sie verbunden. Es setzt sich in die Mitte des Raums und der Ball wird in verschiedene Richtungen gerollt. Das Kind muss erkennen, wo der Ball sich befindet. Um den Schwierigkeitsgrad zu erweitern, können Gegenstände in der unmittelbaren Nähe des Balls benannt werden. Von dort wird er dann weitergerollt.

Hänschen, mach mal piep

Altbewährt, aber immer wieder lustig. Ein Spielpartner versteckt sich. Der Sucher ruft, „Hänschen, mach mal Piep!“ Der Versteckte „piept“ zurück. Aufgrund dessen wird die Suche leichter gemacht und das Versteck wird gefunden.

Wecker verstecken

Das Kind steht vor der Tür und zählt bis zehn. Währenddessen wird im Raum ein Wecker gestellt und gut versteckt. Nun beginnt die Suche nach dem tickenden Wecker.

Schwieriger wird es, wenn der Wecker in mehreren Räumen verborgen werden kann.

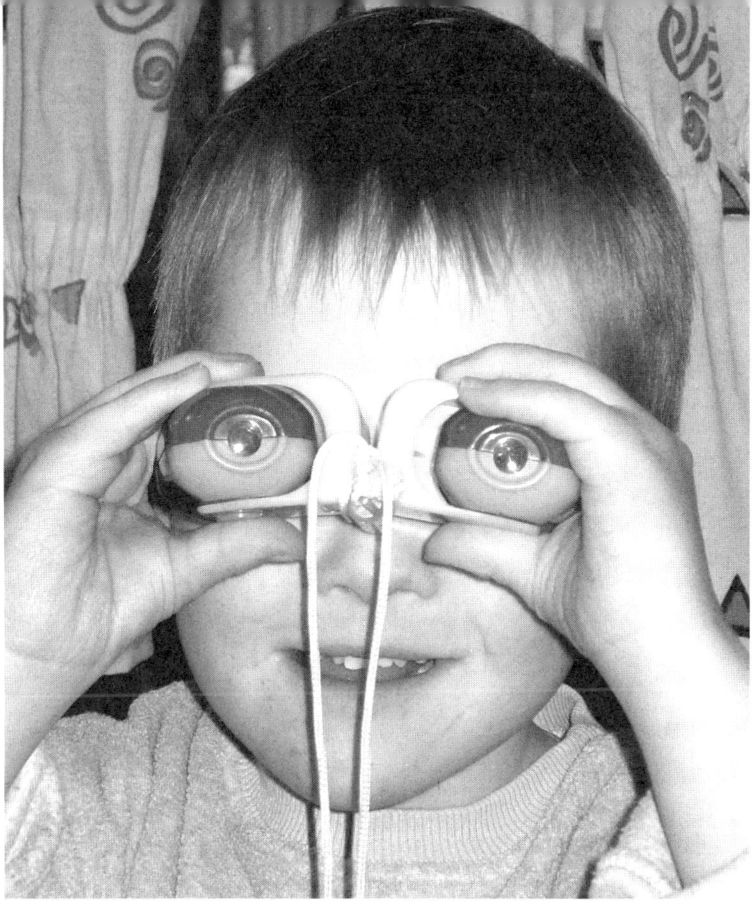

Wer etwas Besonderes sehen will,
muss auf das blicken,
was andere nicht beachten.

Chinesisches Sprichwort

„Mir fehlt der Durchblick!"
Visuelle Wahrnehmungsstörungen

Wie funktioniert visuelle Wahrnehmung?

Das Sehen ist einer unserer wichtigsten Sinne. Das Sinnesorgan der visuellen Wahrnehmung ist das Auge. Der adäquate Reiz für das Auge ist das sichtbare Licht. Das Auge umfasst mehrere Bereiche des Augapfels:

- die äußere Haut (Hornhaut und Lederhaut),
- die mittlere Haut (Regenbogenhaut) und
- die innere Haut (Netzhaut).

Die Lichtstrahlen dringen zunächst durch die äußere Haut, erreichen die Pupille in der Regenbogenhaut und stimulieren durch die Linse dann die Sehzellen in der Netzhaut. Dort befinden sich zwei Arten von Lichtrezeptoren, sogenannte Zapfen und Stäbchen. Die Zapfen sind für die Farbwahrnehmung verantwortlich, die Stäbchen dienen zur Wahrnehmung von hell und dunkel, was sich auf die Pupille auswirkt. Bei starkem Licht verengt sich die Pupille, bei Dunkelheit vergrößert sie sich.

Zapfen und Stäbchen wandeln den Sehreiz in elektrische Impulse um. Diese gelangen über viele Nervenfasern in das visuelle System unseres Gehirns.

Wenn wir ein Objekt betrachten, dann sehen wir es nicht nur, wir inspizieren, vergleichen, identifizieren und beurteilen es.

> Sehen ist nicht nur Sehschärfe und ein intaktes Auge. Am Sehen beteiligt sind auch weite Teile unseres Gehirns. Nur durch dessen Verknüpfungsprozesse bekommt das gesehene Bild auch eine Bedeutung.

Der menschliche Sehsinn ist sehr leistungsfähig. Durch ihn erhält man Informationen über die Größe, Form, Farbe und Bewegung des Gebildes. Man erkennt Abstände zwischen zwei Gegenständen, erhält räumliches Vorstellungsvermögen und kann lückenhafte Bilder vervollständigen.

Die visuelle Wahrnehmung ist ein komplexer Prozess, der sich im Laufe der ersten Lebensjahre entwickelt. Angefangen vom Erkennen des Gesichts der eigenen Mutter über das Identifizieren unterschiedlicher Objekte in unserer täglichen Umwelt bis dahin, Buchstaben, Wörter, Sätze zu erfassen und deren Sinn zu verstehen.

Was deutet auf visuelle Wahrnehmungsstörungen hin?

Die visuelle Wahrnehmung entwickelt sich besonders im Alter von drei bis sieben Jahren. Wahrnehmungsstörungen des Sehsinns werden meist erst im späten Kindergarten- oder Schulalter festgestellt. Das Kind ist in seiner Lernentwicklung beeinträchtigt, da es seine Umwelt verzerrt sieht und sich somit schlecht orientieren kann. Die Wahrnehmung der Raumlage und das Erkennen von räumlichen Beziehungen zueinander sind eingeschränkt. Dadurch hat das visuell wahrnehmungsgestörte Kind Schwierigkeiten, die Aufgaben des normalen Alltags zu bewältigen.

Die Symptomatik ist vielseitig: Die Kinder bewegen sich unsicher, stolpern oft und stoßen sich an Ecken. Einfache Bewegungsabläufe fallen ihnen sehr schwer, wie z. B. einen Ball fangen oder Fußball spielen. Durch kleine Umweltreize, beispielsweise das Schließen einer Tür, lassen sich die Kinder ablenken. Die Konzentration auf die jeweilige Arbeit ist somit gestört. Feinmotorische Defizite äußern sich durch ungeschickten Umgang mit Besteck, beim Puzzeln, beim Ausmalen von vorgegebenen Flächen, beim Perlen auffädeln, beim Schleife binden etc. Das Zuordnen von Gegenständen, Personen, Formen, Farben ist erschwert. Präpositionen wie „zwischen", „auf", „neben", „außen" usw. müssen bildhaft dargestellt werden, damit sie verstanden werden. Buchstaben, Wörter und Sätze zu erkennen und richtig zu deuten gelingt selten.

Durch diese Symptome ist das Kind häufig überfordert. Das zeigt sich durch Augenreiben, Kopfschmerzen, gerötete Augen, Schieflage des Kopfes u. Ä. In der Schule äußern sich die Anzeichen durch Leseunlust, die Kinder verwechseln Buchstaben, verdrehen den Text und machen Rechtschreibfehler selbst bei bekannten Worten.

Zudem können bei einer visuellen Wahrnehmungsstörung auch Auffälligkeiten im Sozialverhalten auftreten. Den Kindern fällt es schwer, neue Situationen, Räume und Personen genau wahrzunehmen, was zur Folge hat, dass manche Kinder stark fremdeln und die Kontaktaufnahme zu anderen Personen erschwert ist. Die Trotzphase kann ausgeprägter sein. Die Überforderung bei vielen Aufgaben hat eine geringe Frustrationstoleranz zur Folge, das Selbstvertrauen ist mangelhaft ausgeprägt. Die Kinder sind oft nicht in der Lage, Erlebnisse und Emotionen zu schildern. Vergleiche mit anderen Kindern werden gemieden. Auffälligkeiten zeigen sich auch durch Hyperaktivität, kleinkindliche Essgewohnheiten und mangelnde Motivation.

Angebote zur Förderung der visuellen Wahrnehmung

Arbeiten mit Naturmaterialien

Vor allem mit herbstlichen Naturmaterialien lassen sich schöne Muster legen. Diese Materialien sprechen auch Kinder visuell stark an und fordern zum konzentrierten Arbeiten auf.

Einfache Mandalas und Musterbilder

Material: Kastanien, Eicheln, Haselnüsse, Hagebutten, Maiskörner, Bucheckern, Sand; schlichter, großer Teller oder Pappteller; evtl. Tapetenkleister oder Holzleim

Durchführung: Den Teller mit einer dünnen Sandschicht bestreuen. Nun kann jedes Kind mit den vorhandenen Materialien sein persönliches Mandala oder Muster legen. Will man das Naturbild länger erhalten, wird der Sand zuvor mit etwas angerührtem Tapetenkleister oder Holzleim vermischt. Trocknet die Masse dann langsam ein, verrutschen die Materialien nicht mehr. Allerdings kann dann kein Pappteller verwendet werden, da dieser durchweicht.

Spiegelbild

Ein ruhiges Spiel, zu zweit zu spielen

Material: rechteckiges, kleines Tablett oder Deckel eines größeren Schuhkartons, etwas Sand, Kastanien, Eicheln, Nüsse etc. in gerader Anzahl

Durchführung: Das Tablett bzw. den Schuhkartondeckel mit Sand bestreuen und mit dem Finger quer eine Mittellinie ziehen. Ein Spieler beginnt und legt eine Herbstfrucht in seine Hälfte. Der zweite Spieler legt die gleiche Frucht gespiegelt in seine Hälfte usw. So wird abwechselnd verfahren, bis der erste Spieler verkündet, dass das Bild nun vollständig ist. Die Materialien werden danach wieder abgenommen, der Sand glattgestrichen und die Rollen gewechselt. Hat man genug Material, können die Bilder auch über einen längeren Zeitraum liegen bleiben.

Zum Eingewöhnen sollte das Spiel von einem Kind mit einem Erwachsenen gespielt werden.

Farben und Formen

Dieses visuelle Angebot fördert Formen- und Farbenerkennung, Feinmotorik, Konzentration, Ausdauer und Kreativität. Dieses Angebot kann je nach Altersgruppe unterschiedlich gestaltet werden.

Material: Tonpapier oder Fotokarton in verschiedenen Farben, Schere, Klebstoff, weißes Papier, Stifte, evtl. Korkplatten und Reißnägel

Durchführung: Ein Quadrat, Rechteck, Dreieck, Kreis, Trapez und Sechseck aus Fotokarton liegen vor den Kindern auf dem Tisch. Jede Form hat eine andere Farbe.

- Zunächst wird nach den Farben gefragt, können die Kinder sie benennen?
- Wo finden wir in unserem Raum die Farbe Rot? Wo finden wir diese Farbe in der Natur oder in unserem Körper? (Rot wie Feuer, Rot wie die Rose, Rot wie Blut etc.) Die verschiedenen Farben werden erarbeitet.
- Nun wird nach den Formen gefragt. Ältere Kinder können sicherlich ein paar Formen benennen. Worin unterscheiden sie sich? Ähnlich wie bei den Farben suchen wir diese in unserer Umgebung (Kreis wie ein Ball, Kreis wie eine Sonne, Kreis wie ein Rad etc.).
- Jetzt müssen Farben und Formen verknüpft erkannt werden, z. B. ein gelber Kreis, ein blaues Quadrat, ein grünes Dreieck usw.
- Die Kinder bekommen Stift und Papier. Sie sollen versuchen, ein paar Formen zu malen.
- Um mit Formen und Farben weiterhin experimentieren zu können, sollen diese mit verschiedenen Farben aus Fotokarton dargestellt werden. Mit Schablonen werden die Formen auf das farbige Papier

gezeichnet und dann ausgeschnitten. Manche Kinder benötigen dabei evtl. Hilfe. Am Ende besitzt jedes Kind jede der sechs Formen in unterschiedlicher Farbe.

- Nun können die Kinder ausprobieren, was man mit den verschiedenen Formen zusammen „puzzeln“ kann. Werden Formen mehrmals gebraucht, bastelt man nochmals weitere dazu.
- Wenn die Kinder sich für ein Kunstwerk entschieden haben, können sie dieses auf ein Blatt übertragen und es dann mit Klebstoff fixieren. Vielleicht wird auch noch mit einigen Stiften das Fantasiegemälde vervollständigt.

Hinweis: Statt Papier und Klebstoff kann man Korkplatten und Reißnägel verwenden. So kann man die Formen und Farben immer wieder anders anordnen und ein neues Bild schaffen.

„Ich-bin-Ich“ – Puppe

Dieses ganzheitliche Projekt lässt sich am besten in einer Kleingruppe durchführen und ist hauptsächlich für ältere Kindergartenkinder geeignet. Differenzierte visuelle Wahrnehmung, sozialer Umgang unter den Kindern, Kreativität, Feinmotorik, Konzentration und Einsatzfreude werden gefördert.

Material: Maschendraht, Draht, Zange, Zeitungspapier, weißes Papier, Kleister, Wasser, Abtönfarbe, evtl. Kinderkleider, Wolle, Klebstoff, Schere

Durchführung: Eine lebensgroße Puppe soll hergestellt werden. Gemeinsam mit den Kindern wird überlegt, wie sie aussehen soll. Welche Körperteile braucht sie? Wird aus ihr ein Mädchen oder ein Junge? Wie groß soll sie werden? Ist sie dick oder dünn? Soll sie stehen, sitzen oder knien? Welche Hautfarbe soll die Puppe bekommen? Nachdem alles beratschlagt ist, kann es losgehen.

- Mit Maschendraht wird ein Körpergerüst gebaut. Maschendraht wird für die entsprechenden Körperteile abgeklemmt, zurechtgeformt, mit Zeitungspapier ausgestopft und mit Draht aneinander befestigt. Die Puppe sollte relativ stabil sein.
- Es wird Kleister angerührt. Zeitungspapier und weißes Papier werden in größere Fetzen gerissen. Mit Kleister wird zunächst großzügig das Zeitungspapier um die Körperteile geklebt. Mehrere Schichten sind nötig, damit die Puppe fest wird. Ein bis zwei Tage sollte die Figur trocknen.
- Der nächste Schritt ist ähnlich wie der vorherige. Diesmal wird das Gerüst mit weißem Papier und Kleister umwickelt. Wieder muss die Puppe längere Zeit trocknen.
- Nun soll die Puppe bemalt werden. Mit der Hautfarbe wird begonnen. Die Farbe wird entsprechend in einer größeren Menge gemischt und die Figur bekommt ihren ersten Anstrich. Wieder muss gewartet werden, bis die Farbe getrocknet ist. Evtl. ist ein zweiter Anstrich nötig.
- Jetzt ist das Gesicht an der Reihe. Neue Überlegungen wie etwa: Welche Augenfarbe, große oder kleine Ohren, buschige oder geschwungene Augenbrauen, volle oder schmale Lippen etc. stehen an. Sieht sie fröhlich, nachdenklich, wütend oder traurig aus? Die Kinder werden sich durch diese Überlegungen gegenseitig intensiver wahrnehmen. Dann kann das Gesicht dargestellt werden.

- Über das Aussehen der Haare müssen sich die Kinder wieder einigen: Kurz oder lang, braun, schwarz, rot oder blond, Locken oder glatte Haare? Die verschiedenen Haarstrukturen der einzelnen Kinder werden beobachtet. Dann wird Wolle zurechtgeschnitten und mit Klebstoff angeklebt.
- Nun wird die Puppe bekleidet. Sind keine Kinderkleidung und Schuhe vorhanden, werden der Figur Kleider und Schuhe gemalt. Accessoires können hinzugefügt werden.
- Eigentlich ist die Puppe jetzt fertig. Sieht sie jemandem ähnlich? Jeder Mensch ist einzigartig. Was heißt das? Einer hat einen Leberfleck an der Wange, ein anderer hat ein größeres Muttermal am Bein und wieder jemand anderes hat eine Narbe an der Hand. Jedes Kind kann überlegen, was es Besonderes an seinem Körper findet, das andere Kinder nicht haben. Und wer möchte, kann das den anderen auch zeigen. Soll unsere „Ich-bin-Ich"-Puppe auch solch ein Merkmal bekommen?
- Gemeinsam kann überlegt werden, wie die Puppe heißen soll.

Bilderbuch-Guckloch

Kinder mit visuellen Wahrnehmungsstörungen sehen sich nicht gerne Bilderbücher an, in denen kleine Bilder, viele Details und komplexe Situationen abgebildet sind. Um sie dennoch an dieses Medium heranzuführen, hilft ein Bilderbuch-Guckloch. Damit kann entweder das Kind den Ausschnitt, den es betrachten möchte, selbst bestimmen und sich auf Gewünschtes konzentrieren, oder die Erzieherin kann den Blick auf bestimmte Details der Geschichte lenken.

Durch verschiedene Formen und Größen der Gucklöcher kann flexibel auf unterschiedlich gemalte Bilder reagiert werden. Die verwendete Pappe sollte schwarz sein, um einen gewissen Kontrast zu erzielen. Farbige Rahmen sind nicht geeignet, da sie für das Auge zu anstrengend und ablenkend sind.

Material: schwarzer Tonkarton oder dicke Kunststofffolie, Lineal, Bleistift, Cuttermesser, Schneideunterlage, Schere

Vorbereitung: Schwarzen Tonkarton für größere und kleinere Bilderbücher in mehrere ca. DIN A 4 und DIN A 5 große Teile schneiden. In die Mitte ein Dreieck, Kreis oder Quadrat schneiden. Dabei jeweils einen Karton mit einer kleinen (ca. 5 cm Durchmesser), einen mit einer mittleren (ca. 7 cm Durchmesser) und einen mit einer größeren (ca. 9 cm Durchmesser) Form ausschneiden.

Durchführung: Zum Betrachten der Bilder das Bilderbuch-Guckloch auf die Buchseite legen und nach Bedarf verschieben.

Licht und Schatten

Spiele mit der Taschenlampe

Spiele mit Licht fordern zum Mitmachen geradezu auf. Da die Taschenlampe auch kein alltägliches Spielgerät ist, wird sicher gerne damit experimentiert.

Bei den folgenden Spielvorschlägen können reichlich visuelle Erfahrungen gemacht werden und die Koordination von Sehen, Wahrnehmung und Reaktion wird geschult.

Lichtstrahl verfolgen

- Der Lichtstrahl wandert langsam durch den Raum, das Kind verfolgt ihn mit den Augen.
- Ein bestimmter Gegenstand wird kurz angeleuchtet, dann wird die Taschenlampe gelöscht. Das Kind beschreibt oder nennt den Gegenstand.
- Mit dem Lichtstrahl der Taschenlampe wird langsam ein Weg auf den Boden gemalt. Das Kind folgt dem Strahl.

Körperteile zeigen

- Ein Körperteil beim Kind wird kurz angeleuchtet, das diesen dann benennt oder zeigt. (Die Augen sind natürlich tabu.)
- Die Spielleitung beleuchtet einen eigenen Körperteil und das Kind zeigt den gleichen bei sich selbst.
- Das Kind wird gefragt, welcher Körperteil „angestrahlt" werden soll.
- Auf einem Poster von einem Menschen werden Körperteile angeleuchtet. Das Kind zeigt diesen Körperteil dann bei sich selbst. Dann wird erst das Kind „beleuchtet" und die entsprechenden Körperteile auf dem Poster gezeigt. So lernt das Kind, Realität und Bild einander zuzuordnen.

Strahl fangen

Für diese Spiele wird der Bewegungsraum etwas abgedunkelt.

- Mit dem Lichtstrahl schnelle Bewegungen ausführen. Die Kinder müssen versuchen, den Lichtstrahl zu fangen.
- Die Kinder halten sich die Hände vor die Augen. Einen bestimmten Punkt anleuchten. Auf ein Kommando („Augen auf!") nehmen die Kinder die Hände herunter und laufen zum Lichtpunkt.
- Mit der Taschenlampe über Boden und Wände leuchten. Das Kind verfolgt den Strahl mit einer eigenen Taschenlampe.

Bilder zaubern

Aus Tonpapier mehrere Kreise in Größe des Taschenlampenglases schneiden. Jeweils in der Mitte ein Motiv (z. B. geometrische Formen) ausschneiden oder mit einem Motivlocher ausstanzen. Die Pappscheiben vor die Taschenlampe halten und so Bilder auf die Wand zaubern. Aus farbiger, durchsichtiger Folie Kreise in Taschenlampengröße ausschneiden und vor das Glas halten. So erscheint alles in einem anderen Licht.

Hinweis: Sind die Kinder ein wenig im Umgang mit der Taschenlampe geübt, können sie selbstverständlich den Part der Spielleitung übernehmen und auch ohne Unterstützung eines Erwachsenen spielen.

Schattenspiele

In diesem Projekt wird spielerisch die visuelle Wahrnehmung gefördert. Das betroffene Kind nimmt sich und die anderen Kinder durch die Schattenwand ganz anders wahr. Farben werden unsichtbar, Gestik und Mimik bekommen eine andere Bedeutung. Genaues Hinsehen, Details erkennen, Unterschiede erfassen, in eine Rolle schlüpfen – all dies wird in diesem Angebot geschult. Konzentration, Sozialkompetenz, Motorik, Fantasie und viel Spaß begleiten dieses Thema.

Material zum Bau einer Schattenwand: Große weiße Bettlaken, 2 Holzleisten (empfehlenswert ca. 2 m), Tacker und Klammern, Nähmaschine

Durchführung: Hat das Bettlaken nicht die gewünschte Größe zum Bau der Schattenwand, kann man mit der Nähmaschine zwei Laken zusammenfügen. Nun werden zwei Holzleisten an den jeweils gegenüberliegenden Seiten des Bettlakens festgetackert. Die obere Leiste wird an einer entsprechenden, vorher festgelegten Stelle angebracht (z. B. zwischen zwei Regalen oder dem Türrahmen). Das Leinentuch wird vorsichtig heruntergelassen. Die untere Leiste dient zur Spannung der Schattenwand, sodass sie glatt herunterhängt. Sie sollte gerade knapp den Fußboden berühren. Wird die Schattenwand nicht mehr benötigt, kann sie zusammengerollt werden. So nimmt sie nicht viel Platz in Anspruch.

Um an einer Schattenwand spielen zu können, benötigt man einen Raum, der abgedunkelt werden kann, und einen Diaprojektor als Lichtquelle.
Die Gruppengröße sollte bei acht bis zehn Kindern liegen.

Erste Versuche an der Schattenwand:

Zunächst sollen die Kinder an der Schattenwand experimentieren.

- Was passiert, wenn man nahe an der Schattenwand steht?
- Was verändert sich, wenn man weiter weg geht?
- Wie kann man etwas darstellen, das sich gut erkennen lässt?

Wer ist das?

Zwei Kinder sitzen vor der Leinwand. Der Rest der Gruppe befindet sich leise seitlich hinter der Leinwand. Nun geht jedes Kind, mit einem größeren Abstand zu seinem Vordermann, langsam und ohne zu sprechen an der Schattenwand vorbei. Die Kinder davor müssen erraten, wer vorbeigelaufen ist.

Verkleiden

Mit kleinen Requisiten lässt sich ein Kind schnell verändern. Mit Hüten, Mützen, Brillen, Kleidern, Schuhen, Taschen, Perücken und vielem mehr können sich die Kinder verkleiden und als Mister oder Misses X hinter der Schattenwand laufen. Jetzt wird das Ratespiel schwieriger und viel Spaß ist garantiert.

Grimassen schneiden

Wer schneidet die lustigsten Grimassen? Die Kinder sollten seitlich stehen, da sie im Profil besser zu erkennen sind.

Bewegungen hinter der Schattenwand

Es gibt viele Bewegungsformen. Tanzen, Kriechen, Stolpern, Krabbeln, Schubkarre fahren etc. Wer bringt dadurch die anderen Kinder zum Lachen, wer wird Clown der Schattenwand?

Mit Hand und Fuß

Was kann man mit Händen und Füßen darstellen? Zwei Kinder stehen sich gegenüber. Gemeinsam können sie ausprobieren, was man mit Händen und Füßen spielen kann. Können unsere Hände und Füße den Zuschauern eine Geschichte erzählen?

Durch das Experimentieren und die Spiele werden die Kinder im Umgang mit der Schattenwand und ihrem Körper immer sicherer. Nun kann ein Bilderbuch, eine Geschichte, ein Märchen oder ein frei erfundenes Stück einstudiert werden, in dem jedes Kind seine Rolle hat (z. B. „Hänsel und Gretel").

Die Kinder werden ihrer Figur entsprechend verkleidet. Wichtig ist, dass man die Figuren gut voneinander unterscheiden kann. Die Hexe läuft gebückt, Gretels Gestalt sollte Furcht ausdrücken usw. Die Kinder werden sich mit Hilfe des Erwachsenen gut in ihre Rolle einfühlen können.

Mit einer bemalten Folie auf dem Diaprojektor kann ein Hintergrund und somit auch ein Szenenwechsel dargestellt werden.

Allerlei Puzzles

„Mitwachsende" Puzzles

Puzzles sind ein gutes Angebot, um die visuelle Wahrnehmung zu trainieren und Zusammenhänge herauszufinden.

Zum Einstieg sind allerdings nur Puzzles mit wenigen Teilen und großen Motiven geeignet. Um die Fähigkeiten zu steigern, wird die Anzahl der Teile erhöht. Lieblingspuzzles lassen sich schnell selber herstellen und dem jeweiligen Stand des betroffenen Kindes anpassen.

Material: alte Bilderbücher, Pappe, Klebstoff, Schere, Bleistift, Lineal, Klebefilm

Vorbereitung: Eine Seite mit einem einfachen Motiv aus dem Bilderbuch auswählen und heraustrennen. Wenn nötig, die Ränder begradigen und Textstellen abschneiden. Das Motiv auf Pappe kleben, auf der Rückseite einmal längs und einmal quer markieren und in vier Teile zuschneiden. Später können Sie diese Teile noch einmal halbieren und zur Steigerung der Schwierigkeit noch in Dreiecke teilen. Um die Haltbarkeit zu verbessern, werden die Kanten jeweils mit Klebefilm umklebt.

Hinweis: Bei den folgenden drei Angeboten werden sowohl die kleinsten als auch die größeren Kinder der Gruppe angesprochen und visuell gefördert. Das Ordnen nach gemeinsamen Merkmalen und die Erfahrung von begrifflichen Zusammenhängen werden geschult, ebenso wie Ausdauer und Konzentration.

Tierpuzzle

Material: Kopiervorlage Seite 128/129

Vorbereitung: Die Vorlage vergrößert kopieren (141 %), Karten ausschneiden, auf Pappe kleben und mit Folie beziehen. So sind die Karten geschützter.

Durchführung: Das Puzzle kann man in zwei Varianten spielen.

- Einfache Variante: zunächst nur die Tiere einander zuordnen, z. B. Kuh – Kälbchen.
- Erweiterung: Zu den Tierpaaren das jeweilige Futter zuordnen, z. B. Kuh – Kälbchen – Gras

Kopiervorlage: Tierpuzzle

Fotopuzzle

Material: Fotos aller Kinder in der Gruppe

Vorbereitung: Alle Kinder in der Gruppe werden stehend vor dem gleichen Hintergrund fotografiert. Die Fotos werden in drei Teile unterteilt und ausgeschnitten: Kopf – Rumpf – Beine.

Durchführung: Die Fototeile werden gemischt und das Spiel beginnt. Die Kinder werden wieder zusammen„gepuzzelt". Eine lustige Variante ist es, wenn Kopf, Rumpf und Beine von drei unterschiedlichen Kindern zusammengelegt werden.

Um es anfangs nicht allzu schwierig zu machen, reicht es, wenn nur acht Kinderfotos im Spiel sind.

Memory-Puzzle

Material: Kopiervorlage Tierpuzzle S. 128/129

Vorbereitung: Tierpuzzle kopieren, große Tierbilder in der linken Spalte ausschneiden, auf Pappe kleben, in der Mitte durchschneiden und mit Folie überziehen.

Durchführung: Die Karten mischen und verdeckt auf dem Tisch verteilen. Nach Memoryregeln spielen und die Paare zusammenfügen.

Ratepuzzle

Dieses Puzzlespiel bleibt mit ständig wechselnden Motiven interessant und dient dazu, sich auf einzelne visuelle Reize zu konzentrieren und sie zu einem Ganzen zu kombinieren. Je nach Entwicklungsstand und Fortschritt des einzelnen Kindes werden die Motive variiert.

Material: Deckel eines Schuhkartons (ca. DIN A 4), feste Pappe in Größe des Deckels, Bleistift, Schere, kleine Knebelknöpfe, spitze Sticknadel, Stickgarn, Bildmotive

Vorbereitung: Die Pappe in sechs bis acht Puzzlestücke unterteilen und diese ausschneiden. In die Mitte jedes Puzzleteiles einen Knopf als Griff annähen oder mit der Heißklebepistole ankleben.

Durchführung: In den Schuhkartondeckel ein Bildmotiv in Schuhkartongröße legen, das vom Kind nicht gesehen wird. Dieses mit den Puzzleteilen bedecken. Nun wird ein Teil des Puzzles entfernt und das Kind versucht zu raten, welches Motiv verborgen ist. Erkennt es das Bild nicht, werden nach und nach weitere Puzzleteile abgenommen, bis die Auflösung gefunden wird.

Hinweis: Als Motive bieten sich große Fotoausdrucke von Gegenständen aus dem Kindergarten oder dem alltäglichen Leben an, Seiten aus Bilderbüchern, große Abbildungen aus Fotobänden sowie eigene Zeichnungen.

Augen auf!

Wie geht das wohl weiter?

Das Bilden von Reihen und Fortführen von Mustern hilft, räumliche Beziehungen zu erfassen und fördert zudem logisches Denken und Konzentration.

Musterreihen lassen sich mit sehr vielen Materialien bilden, erfordern kaum Vorbereitung und sind nicht örtlich gebunden. Deswegen können sie im Tagesablauf kurzfristig und schnell eingebunden werden.

Material: Legosteine, Perlen und Perlenschnur, Stecker und Steckbrett, unterschiedliche Bauklotzformen, Knöpfe, Naturmaterialien

Durchführung: Geben Sie eine Reihenfolge, zuerst mit höchstens drei verschiedenen Merkmalen (bei jüngeren Kindern zwei Merkmale) vor, z. B. roter, gelber, blauer Legostein. Wiederholen Sie diese Folge noch einmal. Dann wird das Kind aufgefordert, die Reihe weiterzuführen. Gerne fädelt sich das Kind so bestimmt auch eine Perlenkette auf.

- Sie können das Spiel auch umdrehen. Lassen Sie das Kind eine Reihe legen und setzen Sie diese fort. Wenn Sie absichtlich einen Fehler einbauen, kann das Kind Sie korrigieren.
- Auch „lebende Reihen" lassen sich stellen, z. B. Junge – Mädchen – Junge – Mädchen, jeweils ein Kind das sitzt – kniet – steht, jeweils ein Kind, das vorwärts – rückwärts – seitwärts steht, jeweils ein Kind mit rechter Hand oben – eines mit linker Hand oben. Hier sind der Fantasie keine Grenzen gesetzt und die Kinder sind dabei sicher sehr kreativ.

„Familien" bilden

In diesem Spiel müssen gemeinsame Merkmale verschiedener Motive erkannt und in Zusammenhang gebracht werden.

Material: unterschiedliche Kataloge, Schere, Klebstoff, 10–15 Briefkarten, selbstklebende Folie

Vorbereitung: Die Briefkarten einmal halbieren. Aus den Katalogen Bildmotive ausschneiden, z. B. unterschiedliche Möbel, Kleidungsstücke, Werkzeuge, Instrumente, Spielzeuge, Tiere, Blumen, Lebensmittel, Geschirr.

Jeweils ein Motiv auf eine halbe Briefkarte kleben und die Karte mit Folie überziehen. Pro Kategorie sollten fünf bis sechs Karten vorhanden sein. Für jeden Spieldurchgang zu Beginn nicht mehr als drei Kategorien verwenden.

Durchführung: Die Karten werden offen auf dem Tisch gemischt und von dem Kind in die unterschiedlichen Gruppen geordnet. Das Kind macht dies entweder nach eigenem Ermessen oder handelt auf die Anweisung: „Suche alle (z. B. Kleidungsstücke ...) heraus."

Sudoku mit Alltagsmaterialien

Ein gutes visuelles Training, aber auch eine Förderung des logischen Denkens und der Auge-Hand-Koordination, wird mit einem Sudoku erzielt.

Material: weiße quadratische Pappe, ca. 24 x 24 cm, schwarzer Filzstift, Lineal, 3 gleiche Knöpfe, 3 gleiche Büroklammern, 3 gleiche Legosteine

Vorbereitung: Die Pappe in neun gleich große Quadrate aufteilen.

Durchführung: Mit den Materialien wird nun das Sudoku gelegt. Dabei darf in jeder Längs- und jeder Querreihe jede Form nur einmal vorkommen. Zum Üben legt der Erwachsene eine Reihe vor oder verteilt drei Teile auf der Pappe, so dass das Kind das Rätsel vervollständigen kann. Damit das Spiel interessant bleibt, können die Materialien öfter ausgetauscht werden. Im Herbst bieten sich z. B. auch Naturmaterialien wie Kastanien, Eicheln und Bucheckern an.

Größere Kinder schaffen vielleicht auch schon ein Sudoku mit 16 Feldern. Dafür werden dann natürlich vier Mal vier unterschiedliche Materialien benötigt.

Signalspiele

Sehen und Bewegen müssen bei diesem Angebot miteinander koordiniert werden. Genaue Beobachtung, Merkfähigkeit und Grobmotorik werden gefördert.

Material: Chiffontücher, Rhythmiktücher

Durchführung: Zum Aufwärmen läuft die Spielleitung in verschiedenen Bewegungsarten durch den Turnraum: hüpfen, kriechen, rennen, rückwärts laufen, stolpern, krabbeln etc. Die Kinder müssen die Bewegungen genau beobachten und nachmachen.

- Jedes Kind bekommt nun ein Chiffontuch. Die Spielleitung steht für alle gut sichtbar im Raum und macht verschiedene Bewegungen mit dem Chiffontuch: z. B. Chiffontuch zusammenknüllen, Tuch hochwerfen und fangen, mit den Beinen darüber steigen, auf den Boden legen und drüber hüpfen etc. Die Kinder werden aufgefordert, sie nachzuahmen.
- Das bekannte „Feuer, Wasser, Sturm und Blitz"-Spiel wird zunächst im traditionellen Stil gespielt. Bei Feuer in eine Ecke laufen, bei Wasser irgendwo hochklettern, bei Sturm auf den Boden legen und bei Blitz abrupt stehenbleiben. Nun werden die Worte Feuer, Wasser, Sturm und Blitz durch farbige Rhythmustücher ersetzt, z. B. rotes Tuch – Feuer, blaues Tuch – Wasser, braunes Tuch – Sturm und gelbes Tuch – Blitz. Die Kinder müssen jetzt genau beobachten, welche Farbe gerade hochgehalten wird und dies in der Bewegung umsetzen. Wird das Tuch wieder heruntergehalten, können die Kinder weiterlaufen und auf das nächste Signal warten.
- Alle Kinder stehen im Kreis. Vor ihnen liegt ausgebreitet ein Rhythmiktuch. Die Spielleitung beginnt, das Tuch Schritt für Schritt zu falten. Die Kinder beobachten und tun es ihr gleich.
- Die Kinder sitzen mit ihren Rhythmiktüchern verteilt im Raum. Die Aufgabe besteht darin, dass jedes Kind etwas mit seinem Tuch darstellen soll. Dann gehen die Kinder gemeinsam von Tuch zu Tuch, um zu sehen, was die anderen damit gestaltet haben.

- Aus der Gruppe werden vier Kinder ausgewählt. Jedem dieser Kinder wird einer Tuchfarbe zugeordnet, z.B. Lena – rot, Noah – blau, Jannik – grün und Mira – gelb. Diese Kombinationen müssen sich alle gut merken. Die Kinder laufen durch den Raum. Wenn die Spielleitung beispielsweise die Farbe grün anzeigt, wird Jannik eine Bewegung vormachen. Alle Kinder schließen sich dieser Bewegungsform an. Schnell kann die nächste Farbe angezeigt werden. Je schneller man die Farben wechselt, umso schwieriger, hektischer, aber auch lustiger wird das Spiel. Wenn die Kinder gut eingespielt sind, steht ein „Farbentausch" an.

Wichtelabenteuer

Bei diesem spielerischen Angebot werden Präpositionen durch Bewegung visuell dargestellt, um die Bedeutung der einzelnen Wörter deutlicher zu machen. Bewegung, Fantasie und Spaß versprechen ein spannendes Abenteuer, in dem visuelle Förderung und Grobmotorik im Vordergrund stehen. Dieses Angebot lässt sich, wie alle Geschichten, ebenfalls gut zur Förderung der auditiven Wahrnehmung durchführen, da Zuhören und Nachahmen geschult werden.

Material: Bank als Flussbrücke, Weichbodenmatte als Moor, Kästen als Felsen, Sprossenwand als Berg, grüne Tücher als Moos, Zelt oder große Kartons als Höhle, acht verschieden farbige Stirnbänder aus Papier: gelb, blau, rot, grün, violett, orange, rosa und braun

Vorbereitung: Zunächst wird das Wichtelland aufgebaut. Verschiedene Materialien kennzeichnen die jeweilige Wichtellandschaft wie Fluss, Wald, Felsen, Moor, Berg, Schlucht und Höhle. Der Fantasie sind keine Grenzen gesetzt.

Durchführung: Die Spielleitung erzählt die Geschichte und begibt sich mit den Kindern auf den Weg des Abenteuers. Ihre Figur hat Vorbildcharakter, da sich die Kinder zunächst an ihr orientieren werden. Alle Präpositionen sollten deutlich dargestellt werden. Es empfiehlt sich eine Gruppengröße von etwa acht Kindern. Nun kann das Abenteuer beginnen.

Es waren einmal acht kleine Wichtel und ihre Wichtelmama. Damit diese ihre vielen kleinen Kinder unterscheiden konnte, bekam jedes von ihnen ein unterschiedlich farbiges Stirnband um den Kopf. (Die Papierbänder werden von der Wichtelmutter aufgesetzt.) *Sie wohnten alle zusammen im Wichtelwald in ihrer Wichtelhöhle. Die Höhleneingang war eng und sie mussten immer* zwischen *den Wänden durchschlüpfen. Es war Herbst geworden und die ersten bunten Blätter schwebten auf den Waldboden. Heute wollte die Wichtelfamilie Vorrat für den Winter sammeln gehen und so machten sie sich auf den Weg. Damit keiner verloren ging, mussten alle Kinder in Reih und Glied* hinter *ihrer Wichtelmutter herspazieren. Zuerst kamen sie an den großen Wichtelwaldfluss. Rosa-Wichteline sah einen wunderschönen Stein und blieb stehen, um ihn zu bewundern, während die anderen mit Mama* über *die Flussbrücke liefen, um am anderen Flussufer auf der Wiese Fangen zu spielen. Wichtelmama setzte sich ins Gras und schaute ihren Kleinen zu. Nach einer Weile bemerkte sie, dass es nur sieben Kinder waren, die da auf der Wiese umhertollten. Sie rief alle Kinder zu sich. Alle waren da, außer Rosa-Wichteline. Also mussten sie wieder* über *die Brücke zurücklaufen. Da saß sie am Ufer und winkte den anderen zu. Alle waren froh, als sie wieder beieinander waren und beschlossen* durch *das Dickicht zu kriechen, um in den dunkelsten Teil des Wichtelwaldes zu kommen. Großblau-Wichtelchen ging voran, da er der Älteste unter den Kindern war. Da lagen die vielen Tannenzapfen, die sie so gerne im Winter aßen. Alle Kinder halfen, sie aufzusammeln. Dann beschlossen sie, zu den Felsen zu wandern. Brauner Wichteli kannte den Weg am besten und ging voran, um zu zeigen, wie man am besten* auf *die Felsen klettern konnte. Alle taten es ihm nach. Oben angekommen, machten sie eine Pause und sahen auf ihr schönes Wichtelland.* Unterhalb *der Felsen war ein großes Moosbett und Grünchen kam auf die Idee, ins Moos hineinzuspringen. Alle hatten Spaß daran.* Hinunterspringen, *wieder* auf *die Felsen klettern, immer wieder. Orangina hatte keine Lust mehr. Mit Sonnengelb-Wichtelinchen wollte sie zu ihrem Lieblingsplatz ins Moor wandern, um ihr die schönen Sumpfdotterblumen zu zeigen, die genau die gleiche Farbe hatten, wie ihre Schwester. Sie schlenderten* nebeneinander *her. Sonnengelb-Wichtelinchen freute sich und stürmte in den Morast hinein, um die Blumen zu bewundern. Dabei sank sie weit in den Sumpf ein und Orangina schrie um Hilfe. Brauner Wichteli kam als erster angerannt und zog Sonnengelb-Wichtelinchen aus dem Moor. Alle waren überglücklich, dass ihr nichts passiert war und trösteten auch Orangina, die sich schrecklich schämte, da sie ohne die anderen losgezogen waren. Wichtelmama erklärte, dass man sich nur* außerhalb *des Moores bewegen dürfte und schlug vor, um das Moor* herum *zu laufen. Bei der großen Birke blieben sie stehen, um Birkenholz für ein Feuer aufzuheben. Wichtelwinter waren sehr kalt und Feuer mussten jeden Tag entfacht werden. Violetta kam auf eine Idee. Sie wollte Feuersteine in der Schlucht suchen. Diesen Vorschlag fanden nicht alle Wichtelkinder so gut. Denn um in die Schlucht zu gelangen, musste man erst* auf *den großen Wichtelberg kraxeln. Sie zogen los und die Wichtelmama stimmte ein Wanderlied an. Bald schon hatten sie die Hälfte des Weges hinter sich. Aus einer Felsspalte im Berg stürzte ein kleiner Wasserfall und die Kinder gingen* unter *dem Wasser durch. Das Wasser kühlte die verschwitzten Wichtelgesichter und gierig tranken alle von dem eiskalten frischen Quellwasser. Violettas Idee war nicht so schlecht gewesen und so kletterten sie weiter, allen voran Violetta. Endlich hatten sie den Gipfel erreicht. Geschafft. Sie konnten* über *den Wichtelwald blicken und sogar nahe dem Wald ihre Wichtelhöhle entdecken.* Unterhalb *des Berges befand sich die Schlucht. Sie stiegen vorsichtig den Berg* hinunter. *Überall lagen Feuersteine, große und kleine. Schwer bepackt mit Tannenzapfen, Birkenholz und Feuersteinen wollten sie sich auf den Heimweg machen. Nach rechts oder nach links oder gerade-*

aus? Selbst Mama war ratlos. Nur Rot-Wichtelino hatte sich genau gemerkt, wie der Weg zur Höhle führte und marschierte voraus. Mama nahm die beiden Jüngsten, Sonnengelb-Wichtelinchen und Grünchen, an die Hand und Großblau-Wichtelchen trug Orangina huckepack. Brauner Wichteli und Violetta nahmen Rosa-Wichteline in ihre Mitte und folgten den anderen. Sie wanderten durch *den Wald und kamen auf eine bekannte Lichtung. Wenige Meter davon entfernt stand die alte Wichtelhütte. Völlig erschöpft krochen sie* zwischen *den Höhlenwänden durch. Keiner hatte mehr Hunger oder Durst. Die Wichtelkinder kuschelten sich* nebeneinander *zusammen und schliefen sofort ein. Wichtelmama strich allen* über *den Kopf und nahm ihnen die Haarbänder ab. Dann machte auch sie es sich bequem, dankte dem großen Wichtelgott, dass alle wieder gesund und munter zurückgekommen waren und schon war auch sie im Reich der Wichtelträume.*

Hinweis: Bei kleineren Kindern sollte die Geschichte evtl. zunächst vorgelesen werden. Da jedes Kind selbstständig eine Rolle übernimmt, müssen die Kinder erst darauf vorbereitet werden. Größere Kinder kann man aber schon mit dem Abenteuer überraschen, ohne vorher darüber zu sprechen.

Spiele für den Stuhlkreis

Einige Elemente zur Förderung der visuellen Wahrnehmung lassen sich auch in Stuhlkreisspiele einbeziehen.

Gegenstände oder Personen beschreiben

Ähnlich wie bei dem bekannten Spiel „Ich sehe etwas, das du nicht siehst" werden von einem Kind ein Gegenstand, eine Person oder ein Kleidungsstück einer Person beschrieben. Hierbei wird allerdings nicht nur die Farbe genannt, sondern schon eine detaillierte Beschreibung versucht. Alle Mitspieler dürfen der Reihe nach einen Tipp abgeben. Wer die Lösung gefunden hat, darf die nächste Aufgabe stellen.

Pantomime

Kleine „Bilder" praktischer Tätigkeiten können vor allem die älteren Kinder schon pantomimisch darstellen. Die anderen Mitspieler versuchen, die vorgespielte Tätigkeit zu erraten. Der Pantomime bekommt die Aufgabe von der Spielleitung außer Sicht- und Hörweite der anderen Kinder gestellt, z. B. in der Garderobe vor dem Gruppenraum. Hier darf es kurz seine Pantomime üben, bevor es sie öffentlich vorspielt.

Mögliche Aufgaben: Zähne putzen, sich anziehen, etwas eingießen und trinken, Bauchweh haben, Fußball spielen, Auto fahren, duschen, Spaghetti essen, telefonieren ...

Deckengeist

Zu Beginn ist es ratsam, die Sitzordnung im Stuhlkreis während der einzelnen Spieldurchgänge nicht zu verändern. Sind die Kinder in diesem Spiel geübt oder sind einige beim Erraten doppelt schnell, können zum Teil Plätze getauscht werden.

Material: eine große Decke

Durchführung: Ein Kind beginnt als Rater. Es schaut sich noch einmal alle Personen im Stuhlkreis genau an und verlässt dann den Gruppenraum. Ein anderes Kind versteckt sich nun in der Stuhlkreismitte unter der Decke. Ist von ihm nichts mehr zu sehen, klatschen alle Mitspieler kräftig in die Hände und das Ratekind darf wieder hereinkommen. Hat es das versteckte Kind benannt, darf es einen Nachfolger aussuchen. Auch das Kind unter der Decke sucht einen neuen Deckengeist, allerdings erst dann, wenn der Rater nicht mehr im Raum ist.

Wird das Kind unter der Decke nicht erraten, klopft die Spielleitung dem Deckengeist auf den Rücken und bittet ihn, laut den Namen des Raters zu rufen und evtl. noch Tipps zu seiner Person abzugeben (Junge oder Mädchen, Alter ...).

Kim-Spiele

Diese Ratespiele gehören sicher zum Standardrepertoire jeder Kindergartengruppe. Eine spannende Variation ergibt sich, wenn man von vielen Gegenständen nicht einen verschwinden lässt, sondern wenn man mit wenigen Utensilien beginnt und immer eines hinzugibt. Diese Variation lässt sich auch mit verschiedenen Kindern als lebendes Kim-Spiel durchführen.

Visuelle Wahrnehmungsförderung in Alltagssituationen

Vermeiden Sie möglichst den Satz: „Guck doch einmal genau hin!" Die fehlende optische Wahrnehmung basiert nicht auf mangelndem Willen, sondern auf einer Störung im Wahrnehmungssystem.

Malen

Betroffene Kinder malen oft nicht gerne. Prüfen Sie darum einmal ihre vorhandenen Buntstifte. Liegen alle Stifte durcheinander in einem großen Kasten oder gibt es ausschließlich Naturholzstifte, bei denen man die Farbe nur an der Mine erkennt, ist es für die Kinder zu mühsam, diese zu erfassen und sie malen deswegen lieber gar nicht. Stehen die jeweiligen Stifte sortiert in farblich passenden Behältern, lädt das eher zum kreativen Tun ein.

Raumgestaltung

Sorgen Sie möglichst für eine reizarme Umgebung. Zu viel bunte Raumdekoration und ein Mustermix aus Stoffen und Formen bieten den Augen keine Orientierungspunkte. Auch Tischdecken sollten möglichst einfarbig sein. Durch Geschirr und Besteck wirkt der gedeckte Tisch bunt genug. Weiße Malunterlagen eignen sich ebenso wenig wie sehr bunte Motive. Auf den weißen Unterlagen ist es schwer, die Begrenzung des Papiers zu erfassen, auf den bunten Unterlagen kann sich das Kind nicht auf sein Werk konzentrieren.

Wichtig ist eine gewisse Ordnung. Die Kinder müssen Spielzeug und Materialien an ihren angestammten Plätzen wiederfinden können. Auch zu häufiges Umräumen der Möbel ist für sie schwierig, da so die Orientierungspunkte verschwinden.

Kleidung

Kleidungsstücke können zur Übung beim Anziehen den einzelnen Körperteilen verbal zugeordnet werden. Auch ist es hilfreich, das Anziehen mit Präpositionsbestimmungen zu begleiten, z. B.: „Ich ziehe den Pullover *über* den Kopf." oder „Ich stecke den Arm *durch* den Ärmel."

Kinder mit visuellen Wahrnehmungsstörungen haben oft Probleme mit der Unterscheidung von rechts und links. Versuchen Sie individuelle Eselsbrücken zu finden, indem sie z. B. auf jeden Hausschuh einen Fisch malen. Die Fische müssen sich anschauen, wenn das Kind die Schuhe richtig herum anhat.

Hat das Kind ein körperliches Merkmal, z. B. ein Leberfleck kann dieser zur Orientierung von rechts und links dienen.

Was man sonst noch tun kann

Viele Spiele und Materialien, die im Kindergarten vorhanden sind, trainieren auch die visuelle Wahrnehmung. Hierzu zählen vor allem Farbwürfelspiele, Memory, Lotto, Domino und Zuordnungsspiele ebenso wie Bilderbücher und Poster.

- Logische Blöcke eignen sich zum Erfassen und Vergleichen von Farben und Formen, zum Nachlegen von Mustern und Sortieren von Merkmalen.

- Ballspiele, wie Fangen, Zuwerfen und Zielwerfen fördern die Auge-Hand-Koordination ebenso wie Klatschspiele, Klettern und Schlagspiele wie z. B. Hockey.
- Längen und Größen kann man spielerisch mit Legosteinen, Bauklötzen und bestimmten Montessori-Materialien ordnen.
- Bringt man Spiegel über Eck an, lassen sich im entstandenen Winkel mit vielen kleinen Materialien verblüffende Muster legen. Aber auch mit dem eigenen Spiegelbild kann sich das Kind hier lange beschäftigen.
- Spannend für die ganze Gruppe sind spezielle Farbentage. So verschwinden für einen Tag alle Spielmaterialien aus der Gruppe, die nicht rot (blau, gelb, grün ...) sind. Jedes Kind trägt an diesem Tag ein Kleidungsstück in der festgelegten Farbe und auf einem Frühstücksbuffet gibt es farblich passende Speisen. Die Raumdekoration erfolgt mit entsprechenden Luftballons, von denen jedes Kind anschließend einen mit nach Hause bekommt.
- Zu optischen Experimenten regen Farbbrillen aus Tonkarton und farbiger Folie an. Sie lassen die Umgebung ganz anders aussehen. Einige Sachen verschwinden fast, andere werden hervorgehoben und wieder andere verändern sich.
- Aus durchsichtigen Schläuchen aus dem Baumarkt lassen sich hervorragende Murmelbahnen herstellen. An einem Treppengeländer, an der zweiten Spielebene oder zu Hause am Hochbett angebracht, kann man den Murmeln mit den Augen lange folgen.

Anhang

Literaturtipps für Erzieherinnen

Kinder mit Wahrnehmungsstörungen erkennen, verstehen, fördern
Maria Pfluger-Jakob
Verlag Herder, Freiburg 2007

Sinn-voll und alltäglich
Christine Meier, Judith Richle
verlag modernes lernen,
Dortmund 2005

Handbuch der Sinneswahrnehmung
Renate Zimmer
Verlag Herder, Freiburg 2007

Sinnes-Welten
Wolfgang M. Auer
Kösel Verlag, München 2007

Wahrnehmungsförderung für Kleinkinder
Brigitte Wilmes-Mielenhausen
Verlag Herder, Freiburg 2006

Sensomotorische Förderdiagnostik
Helga Sinnhuber
verlag modernes lernen,
Dortmund 2002

Ich seh den Wald vor lauter Bäumen nicht
Anja Günther, Melanie Jäger
verlag modernes lernen,
Dortmund 2005

Signalkarten für Kita und Kindergarten
Ulrike Blucha, Iris Knauf
Verlag an der Ruhr, Mülheim 2006

Hört mal, was da klingt
mit Geräusche-CD
Conny Frühauf, Christine Werner
Ökotopia Verlag, Münster 2006

Geräusche hören – erkennen – imitieren
CD, Bildkarten und Spielhinweise
Carola Preuß, Klaus Ruge
Verlag an der Ruhr, Mülheim 2003

Literaturtipps für Eltern und Erzieherinnen

Kinder mit Wahrnehmungsstörungen
Heidrun Becker
Schulz-Kirchner Verlag GmbH,
Idstein 2005

Drück mich mal ganz fest
Roswitha Defersdorf
Verlag Herder, Freiburg 2007

Mit allen Sinnen die Welt erfahren
Wunderfitz-Arbeitsheft
Renate Zimmer
Verlag Herder, Freiburg 2006

Spiele zur Wahrnehmungsförderung
Ingrid Biermann
Verlag Herder, Freiburg 2004

Streicheln, Spüren, Selbstvertrauen
Annegret Frank
Ökotopia Verlag, Münster 2003

Spiele für Kinder

Zylinderblöcke
aus dem Montessori-Material

Blinde Kuh
Ravensburger Verlag

Verfühlt noch mal!
HABA

Die Sprechhexe
Ravensburger Verlag

Sprechdachs
Huch Verlag
Ab 5 Jahre

Der kleine Sprechdachs
Huch Verlag
Ab 4 Jahre

Tempo, kleine Schnecke
Ravensburger Verlag

Obstgarten
HABA

Differix
Ravensburger Verlag

Internetadressen

www.elternimnetz.de

www.dgpp.de (Deutsche Gesellschaft für Phoniatrie und Pädaudiologie) Hier finden Sie Adressen von Pädaudiologen in Ihrer Nähe.

www.fruehbehandlung.de

www.familienhandbuch.de

www.seht.de

Bilderbücher für Kinder

Fühlen und Begreifen: Zuhause
ars edition
In dieser Serie auch erschienen:
Fühlen und Begreifen: Haustiere
Fühlen und Begreifen: Zootiere

Was ist das?
Virginia A. Jensen, Dorcas W. Haller
Verlag Sauerländer 1993

Such mich. Fühl mich. Zähl mich
Amrei Fechner
Ravensburger Buchverlag 1999

Auf dem Bauernhof
Dorling Kindersley Verlag 2002
In dieser Serie auch erschienen:
Meine ersten Dinge

Sieh mal! Hör mal! Meine Stad
Ulrich Maske
Jumbo Verlag, Hamburg 2006
In dieser Serie auch erschienen:
Sieh mal! Hör mal! Mein Wald und
Sieh mal! Hör mal! Mein Bauernhof